Hilfe, mein Kind verschwindet im Handy!

Kathrin Hofwart

Alle Ratschläge in diesem Buch wurden vom Autor und vom Verlag sorgfältig erwogen und geprüft. Eine Garantie kann dennoch nicht übernommen werden. Eine Haftung des Autors beziehungsweise des Verlags für jegliche Personen-, Sach- und Vermögensschäden ist daher ausgeschlossen.

Hilfe, mein Kind verschwindet im Handy!
Der Ratgeber für eine achtsame Kindererziehung vom Baby- bis Teenageralter:
Wie sie ihrem Kind einen gesunden Umgang mit Medien beibringen, es fördern und stark machen können – für eine positive Entwicklung.

ISBN: 979-8552187003

Für Fragen und Anregungen:
kathrin.hofwart@web.de
Auflage 2020

Dieses Buch widme ich meiner besten Freundin Stefanie. Der liebevolle Umgang mit deinen zwei Kinder hat mich stets inspiriert.

INHALT

Einleitung

Unsere Kinder lieben wir über alles. Und mehr als alles andere im Leben wünschen wir uns, ihnen eine lebenswürdige Zukunft schenken zu können. Doch was genau bedeutet das im Kontext der Zeiten, in denen wir leben? Was müssen wir unseren Kindern unbedingt beibringen, damit sie zu mündigen und verantwortungsvollen Bürgern aufwachsen? Wie erziehe ich mein Kind richtig und was wird in unserer heutigen Gesellschaft als richtig erachtet?

Früher oder später wird jede Familie mit diesen existenziell wichtigen Fragen konfrontiert. Während die Antworten auf diese Fragen je nach Kultur, Region und Familiensituation variieren können, steht eine universell gültige Wahrheit fest: Jeder von uns ist das Produkt

seiner eigenen familiären Umgebung – wer wir heute sind, hängt davon ab, wer uns damals als Person aufgebaut und Einfluss auf unsere Persönlichkeitsentwicklung genommen hat. Jede junge Familie träumt vom perfekten kleinen Engelchen, das brav und sozialbewusst ist, fremde Menschen höflich zu grüßen weiß und womöglich später Klassenbeste/r wird.
Was viele Eltern nun ungerne hören, ist: Die eigenen Ambitionen, die wir als Eltern auf unsere Kinder projizieren, wirken sich häufig kontraproduktiv auf die Entwicklung der Kinderpsyche aus. Schneidet der Felix in Kunst besser als in Mathe ab, so sollen Eltern das nicht als einen Nachteil betrachten, sondern ihrem Kind und seinem Talent freien Raum für Entwicklung bieten. Hat die Sophie eine klare Präferenz für Schwimm- anstatt von Klavierunterricht demonstriert, so liegt es in der Verantwortung der Eltern, die Wahl ihres Kindes zu unterstützen und ihm dabei zu helfen, seine Talente für sich zu entdecken.
Erst wenn wir unseren Kindern den persönlichen Entwicklungsraum gestatten, bekommen sie das Gefühl, eine vollwertige und individuelle Person zu sein. Doch zu viel privaten Raum wollen wir gar nicht zulassen, weil die Kinder dann auf einmal anfangen, bestimmte Dinge vor uns geheim zu halten. Und als die verantwortungsbewussten Eltern, die wir sind, wollen wir doch gerne in jedem Lebensbereich unserer so schnell heran-

wachsenden Kinder intervenieren. Wie kommen wir dann gemeinsam auf den goldenen Mittelweg, ohne dabei um die Sicherheit unserer Kinder fürchten oder sich darum Sorgen machen zu müssen, dass sie dann unsere Zuversicht und bedingungslose Unterstützung zu ihren eigenen Gunsten ausnutzen werden? Heutzutage stehen unseren Kindern viel mehr Möglichkeiten zur Verfügung, als wir uns jemals vorstellen könnten.

Die digitale Welt ist für unsere Kinder jederzeit und überall zugänglich – sie lockt von jeder Ecke mit vielen bunten Farben und attraktiven, unterhaltsamen Inhalten und regt damit vor allem das junge, internetaffine Publikum zur Rezeption an. Mit dem häufigen Internetkonsum unserer Kinder gehen nicht selten Sorgen der Eltern um das Wohlergehen ihrer Kinder einher.

Genau deswegen hat sich dieser Ratgeber die Beratung von besorgten Eltern in Sachen digitale Erziehung von Kindern und Jugendlichen zum Ziel gemacht: Mit wie viel Jahren sollte mein Kind sein eigenes Handy bekommen? Wie kontrolliere ich den Medienkonsum zu Hause? Wie bringe ich meinem Kind den verantwortungsvollen Umgang mit Medien bei? Und wenn ich dann doch auf einmal feststellen sollte, dass mein Kind mit der Zeit Mediensucht entwickelt hat – wie soll ich reagieren beziehungsweise wie lässt es sich an die Sache vernünftig rangehen? Fürsorgliche Eltern aufgepasst: Die Antworten auf diese und viele andere Fragen bezüglich des so aktuellen

Themas Kindererziehung im medialen Zeitalter erfahren Sie im weiteren Verlauf dieses Buches!

Eine neue digitale Zeit

VERÄNDERUNG, ANPASSUNG UND SCHNELLLEBIGKEIT

Eine neue Zeit ist angebrochen. Das Informationszeitalter, in dem wir uns gerade befinden, eröffnet viele neue Möglichkeiten für die Persönlichkeitsentfaltung und droht zugleich die Grundlagen unseres früheren Lebens, so wie wir es bisher gekannt haben, zunichte zu machen. In der postmodernen Gesellschaft können viele altbewährte Muster, die früher Orientierung und Hilfe im Alltag geleistet haben, nicht mehr standhalten.

Die Zeiten haben sich geändert und wir in ihnen auch. Was früher als richtig und gut galt, wird heute möglicherweise nicht mehr so widerstandslos akzeptiert wie die Jahre zuvor. Das Aufkommen des Internets und die

Verbreitung der digitalen Medien sind in großem Maße für den Bruch mit der Vergangenheit verantwortlich. Wenn wir uns aber bewusst dafür entscheiden, an der anachronistischen Überzeugung festzuhalten, dass in dieser neuen digitalen Welt nur noch das Böse vertreten ist, so riskieren wir an den vielen Vorteilen, die sie zu bieten hat, vorbeizukommen.

Da das adaptive Verhalten dem Menschen von Natur aus angeboren ist, ist es glücklicherweise weniger wahrscheinlich, dass dies tatsächlich geschieht. Nunmehr gilt es die Strukturen dieser neuen digital geprägten Welt und ihre Auswirkung im eigenen Alltag zu erkennen und über sie zu reflektieren – bringen sie einem mehr Nutzen oder überwiegend eher Verzweiflung? Sollten Sie dann doch feststellen, dass Ihr Alltag an der Unfähigkeit zerschellt, gemäß der Logik des neuen technologischen Zeitalters zu handeln, so sind dringende Maßnahmen erforderlich, denn: Was man selber nicht kann, kann man einem anderen auch nicht beibringen.

Unsere Kinder orientieren sich stark am Beispiel, mit dem wir als Eltern vorangehen. Wenn wir selber keine Anstrengungen vornehmen, um den Herausforderungen des neuen digitalen Zeitalters gerecht zu werden, lassen wir unseren Kindern die Chance ebenfalls entgehen, jemals dazuzugehören. Somit gehen wir das Risiko ein, dass unsere eigenen Kinder zu Außenseitern werden und sich in der Folge nie so richtig in die Gesellschaft integrieren können. Wenn wir unsere eigenen Fehler nicht zeitnah beseitigen, besteht die große Gefahr, dass unsere Kinder später im Leben darunter leiden werden. Dass das eigene Kind aufgrund der Kontraproduktivität eines rückständigen Elternmodells im Leben versagt, will kein Elternteil in Kauf nehmen. Deshalb müssen wir als Eltern heutzutage alles wissen – nicht nur, um unseren Kindern wertvolles praktisches Wissen fürs Leben vermitteln zu können, sondern auch, um bestimmte schädliche Entwicklungen vorbeugen zu können. Im heutigen Kontext stehen wir in der Verpflichtung, die Vor- und Nachteile von Internetnutzung und Medienkonsum zu kennen, damit unsere Kinder die vielfältigen Vorteile genießen und gleichzeitig wissen, welche Nachteile dabei entstehen könnten und wie sich diese am effektivsten verhindern ließen.

In unserem Alltag haben wir zweifellos so viel zu tun wie noch nie zuvor. Man hätte erwartet, dass die ganze Erleichterung, die die digitale Transformation des Lebens mit sich gebracht hat, zu einer Entlastung von täglichen Aufgaben führen würde. Und doch fühlt es sich so an, als ob diese Erwartung nicht erfüllt wurde und stattdessen der gegenteilige Effekt eingetreten ist.

Mit Anbruch der neuen digitalen Ära haben sich auch die Arbeitsbedingungen von früher gewandelt. Somit werden Multitasking- und Leistungsfähigkeit unvermeidlich zu wichtigen Voraussetzungen im Arbeitsalltag. Dieses

Phänomen wird dann auch noch auf das Privatleben übertragen, wobei smarte Lösungen wie Home-Office immer mehr an Bedeutung gewinnen. In einer Zeit, in der Familie und Arbeit so eng miteinander verzahnt sind wie noch nie zuvor, ist es wichtig, die Kontrolle über den Tagesverlauf zu bewahren.

Da digitale Technologien häufig als Bindeglied zwischen Familien- und Arbeitsleben fungieren, ist es umso wichtiger, ihre Funktionslogiken zu kennen. Nur so gelingt die Integration von der Arbeitswelt in den Familienalltag. Diese Integration kann man dann zweierlei betrachten – man könnte behaupten, dass die Schnelllebigkeit am Arbeitsplatz mit der friedlichen Harmonie zu Hause nicht vereinbar ist und so an der Möglichkeit vorbeikommen, mehr Zeit mit der Familie zu verbringen oder man könnte den Vorteil für sich gleich in Anspruch nehmen und die Familie am eigenen Arbeitsleben teilnehmen und es mitbestimmen lassen.

Schließlich bringt die neue digitale Zeit diverse Vorteile mit sich, die sich als unverzichtbar in vielen Alltagssituationen erwiesen haben. Die allumfassende Digitalisierung unseres Lebens stellt eine globale Entwicklung dar, die sich nicht mehr anhalten lässt und wer mit ihr nicht standhalten kann, kommt nicht weiter. Sie bestimmt die Zukunft unserer Kinder – deshalb liegt es erst einmal in unserer eigenen Verantwortung als Eltern, sich an die veränderten Bedingungen des heutigen Lebens anzupassen. Denn nur wenn wir mit der Realität unserer Kinder in Berührung kommen, können wir das Verhalten der Kinder als Reaktion auf die Mensch-Maschine-Interaktion verstehen, ihnen den vernünftigen Umgang mit digitalen Medien beibringen und einen sanften Start ins Erwachsenenleben schenken.

GESELLSCHAFTLICHE VERÄNDERUNGEN – WIR MÜSSEN UMDENKEN!

Unser Leben hat sich komplett gewandelt – und somit auch die Gesellschaft um uns herum. Vor knapp hundert Jahren haben Menschen noch ein "normales" Leben geführt. Die industrielle Revolution war nur der Anfang von einem allumfassenden technischen Zeitalter, das nur ein paar Jahrzehnte später alles um 360 Grad drehen würde.

Unser modernes Leben kann in zwei grundlegende Perioden aufgegliedert werden: Das Leben vor und nach dem Aufkommen des World Wide Webs. Im Vergleich zur westlichen Zivilgesellschaft im 20. Jahrhundert hat unsere postmoderne Gesellschaft wesentliche Erfolge im Bereich der digitalen Technologie zu verzeichnen.

Der hohe Entwicklungsgrad, den unsere hoch technisierte Gesellschaft heute erreicht hat, hat sie jedoch den Friedensbestrebungen der Nachkriegsgesellschaft im 20. Jahrhundert zu verdanken. Die Maxime "Frieden

durch Fortschritt" ist nicht von gestern auf heute entstanden – so sind viele Historiker geneigt, der These anzuhängen, Krieg sei "der Vater aller Dinge".
So kann man den geschichtlichen Zeitabschnitt der Weltkriege im 20. Jahrhundert als eine Vorbedingung für den erfinderischen Geist der ganzen kriegscheuen Nachkriegsgeneration betrachten, die nun den langfristigen Frieden für die kommenden Generationen sichern wollte. Die verheerenden Kriege sind für eine ganze Generation zu einer schmerzhaften Realität geworden, die sie für immer beseitigen wollte.
Das Wirtschaftswunder der 60er Jahre hat tiefe Spuren in unserer heutigen Gesellschaft hinterlassen. In diesem Sinne haben beide Epochen so viel miteinander zu tun, sodass die eine die technische Grundlage für die andere gewährleistet hat. Was wir aus dem historisch verwurzelten Potenzial der vergangenen Tage gemacht haben, ist dabei eine völlig andere Frage. Unsere heutige Gesellschaft ist so gespalten wie noch nie.
Die unendlichen Möglichkeiten zur freien Informationsbeschaffung und unabhängigen Meinungsbildung, die uns heutzutage dank des World Wide Webs und der digitalen Medien zur Verfügung stehen, sorgen nicht nur für einen Anstieg des formalen Bildungsniveaus, sondern auch für die zunehmende Polarisierung der diversen auseinandergehenden Meinungen, die in der Gesellschaft weit vertreten sind.

Es ist kaum ein Bereich des persönlichen und öffentlichen Lebens übriggeblieben, der von den umfangreichen Veränderungen der Digitalisierungswende verschont wurde. Mit der allmählichen Ausdehnung des globalen Digitalisierungsnetzes wird fast jede Domäne unseres Alltags erfasst und von Grund auf erneuert.

So kann jeder für uns heute für sich selbst feststellen, dass wir mit der Zeit unbewusst immer enger mit unseren unmittelbaren Mitmenschen vernetzt worden sind. So kann heute jeder, der über einen Internetanschluss verfügt, mit ein paar Klicks auf Facebook & Co betreffende persönliche Daten über jede interessierende Person finden und für eigene Zwecke nutzen. Im Berufsleben sind wir zum Teil gezwungen, unsere persönlichen Daten an Unbekannte im digitalen Raum weiterzugeben, damit wir dem Gebot der digitalen Ethik – überall und zu jeder Zeit verfügbar sein – gerecht werden können.

Die hoch technisierte Gesellschaft, der wir beinahe "zum Opfer" gefallen sind, gibt einen Ton von Schnelllebigkeit an, mit der wir gezwungen sind, Schritt zu halten, wenn wir überhaupt weiterkommen wollen. Was bedeutet all dies für unsere Kinder und ihre persönliche Entwicklung? Die erste Sozialisation von unseren Kindern findet selbstverständlich innerhalb der eigenen vier Wände statt.

Bis zu einem gewissen Alter können wir direkten Einfluss auf die Entwicklung unserer Kinder nehmen. Nach der Einschulung wird die Kindererziehung als Aufgabe der Erwachsenen zum großen Teil auf die Institution Schule übertragen. Man kann feststellen, dass Lehrer bei Meinungsbefragungen bezüglich des Vertrauens in Berufen generell gut abschneiden – Eltern sind sich weitgehend einig, dass Lehrer einen allgemein guten Beitrag bei der schulischen Erziehung ihrer Kinder leisten. Der Politikwissenschaftler Jürgen Kussau hat das Aspekt des Vertrauens im Rahmen der Schulausbildung bzw. der Schule als Bildungseinrichtung und Sozialsystem folglich dargestellt: „Vertrauen ist eine zentrale Größe für das Funktionieren des Schulsystems, weil auf allen Ebenen und zwischen allen Akteuren nur unzureichendes Wissen darüber besteht, was jeder eigentlich tut". Seine Aussage wurde später auch empirisch bestätigt: So hat sich herausgestellt, dass Eltern ein vergleichsweise geringes Vertrauen in die Schule als Institution haben.

Woran liegt das genau? Da die Schule als staatliche Institution politischen Entscheidungsträgern obliegt, wird seine Glaubwürdigkeit dadurch wesentlich beeinträchtigt. Politisches Handeln und politische Entscheidungsprozesse sind für Eltern im Speziellen und "den einfachen Bürger" in der Regel undurchschaubar.

Aus dieser Unsicherheit hinsichtlich des Handelns des Gegenübers resultiert eine gering eingeschätzte Glaubwürdigkeit bzw. ein geringes Vertrauen in das Handeln des Gegenübers. Dieses geringe Vertrauen in die Schule als staatliche Bildungseinrichtung seitens der Eltern ist keineswegs unbegründet. So finden heutzutage viele Eltern, dass das Bildungssystem von heute dem persönlichen Bildungsbedarf ihrer Kinder nur unzureichend gerecht wird. Es ist so weit gekommen, dass Eltern an der institutionalisierten Bedeutung des Begriffes "Bildung" zu zweifeln angefangen haben. Handelt es sich dabei um reine Wissensvermittlung oder vielmehr um die informationstechnisch unterstützte Herausbildung von gesellschaftsrelevanten Fähigkeiten und Kompetenzen?

Der große deutsche Philosoph und Publizist Richard David Precht, der zahlreiche Publikationen auf dem Gebiet der Schulpädagogik hinterlassen hat, ist ebenfalls ein enthusiastischer Verfechter der These, dass das gegenwärtige Schulsystem Deutschlands in mehrerer Hinsicht ausbaufähig ist. Seiner professionellen Meinung nach ist das aktuelle Erziehungs- und Bildungssystem nicht mehr zeitgemäß und entspricht somit den Anforderungen nicht, die die moderne Wirtschaft vorgibt. Seine Beobachtungen bezüglich der aktuellen Bildungssituation in Deutschland fasst er folgenderweise zusammen: "[Das ist] ein Erziehungs- und Bildungssystem, was für eine Vorkriegsgeneration geschaffen wurde". Seine Aussage begründet er mit der historischen Tatsache, dass Schulen in Preußen zu Beginn des 19. Jahrhunderts als Teileinrichtungen im Militärsystem fungiert haben. Laut ihm hat sich seit dann folgendes Muster bewährt: Das

Schulsystem ist auf einen Mittelwert ausgerichtet, dem alle Schüler gerecht werden müssen – sie müssen sich dem herrschenden System anpassen und nicht umgekehrt. Und trotzdem: "Bildung ist das, was übrig bleibt, wenn alles Gelernte vergessen ist", meinte der berühmte deutsche Pädagoge Georg Kerschensteiner, der zur Zeit der Weimarer Republik gelebt hat. Im Sinne seines Zitats hat die Schule einen Auftrag inne, praktische Kompetenzen fürs Leben zu vermitteln. Hat die reine Wissensvermittlung bzw. die Abfrage von Faktenkomplexen die frühere Generation weit gebracht, so taugt diese Lehr- bzw. Lernmethode heutzutage fast nichts mehr.

Anfang des 19. Jahrhunderts haben mehrere westliche Bildungspädagogen ihre Ansichten bezüglich des sogenannten "Bildungsideals" formuliert. Viele von ihnen haben sich um die Position herum vereinigt, dass das Ziel von schulischer Bildung das Ans-Licht-Bringen und die Entfaltung von vorhandenen Begabungen von Kindern darstellen sollte. Aus dieser Position heraus erscheint die Benotung von "Begabungsfächern" wie Sport, Musik und Kunst völlig absurd.

Das digitale Zeitalter setzt seine Prioritäten einfach nur anders. Junge Berufseinsteiger sehen sich heute mit ganz anderen, ziemlich anspruchsvollen Herausforderungen konfrontiert als wir damals. Man könnte behaupten, wir hatten es früher viel leichter – heute wird von unseren Kindern erwartet, dass sie mit 20 Jahren schon

ausgiebige Berufserfahrung gemacht haben, während viele von ihnen noch nicht genau wissen, was sie später im Leben beruflich machen wollen.
Ein Großteil unserer Kinder wird heute zu der Generation der "Digital Natives" gezählt – damit geht die Erwartung vom zukünftigen Arbeitgeber einher, dass man von klein auf mit bestimmten technischen und organisatorischen Kompetenzen ausgestattet ist, wobei das nicht unbedingt zutreffen muss. Denn die Arbeitswelt von heute sieht komplett anders aus als die, in der wir damals sozialisiert worden sind. Vor allem im Dienstleistungssektor ist eine starke Verschiebung in Richtung kreative Berufe (über alle herkömmlichen Branchen hinweg verteilt) zu beobachten – laut Arbeitsmarktforscher wird sich die Nachfrage nach diesen Berufen in naher Zukunft zu einer lang anhaltenden Tendenz entwickeln – sie werden bald tatsächlich immer stärker gefragt werden.
Galt früher die Maxime vom Austausch von "kostbarer Zeit gegen materielle Vergütung", so hat sich ihre Bedeutung heute vielmehr in Richtung "Potential gegen Aufstiegsmöglichkeiten im Beruf" gewandelt. Anwendungsorientierte Fähigkeiten sind das A und O der heutigen Arbeitswelt – wer diese nicht mitbringen kann, bleibt in seinem frühen Berufsleben auf der Strecke. Wenn die Schule daran scheitert, unseren Kindern die notwendigen sozialen und medialen Kompetenzen (Führungskompetenz, Koordinationsfähigkeit, Kritikfähigkeit,

Quelleneinschätzungsvermögen, Netzwerkarbeit etc.) beizubringen, die später im Berufsleben von ihnen tatsächlich vorausgesetzt würden, hat sie das primäre Ziel der Bildung – die Herausbildung von vernünftigen, mündigen und verantwortungsbewussten Persönlichkeiten, aus denen später Staatsbürger hervorgehen sollen, die dem Staat auch entsprechend ihren persönlichen Begabungen dienen können – grundsätzlich verfehlt. Und was für eine Lösung für das deutsche "Bildungsproblem" bietet Richard Brecht an? Seiner professionellen Meinung nach kann das lang bewährte System nicht so einfach gestürzt werden. Man könnte aber "von oben herab" der Schulen ein umfassendes Selbstbestimmungsrecht einräumen und Spezialisten aus verschiedenen gesellschaftlichen Bereichen schrittweise im Unterricht einsetzen, die dann mithilfe von Methoden des "Change Managements" wiederum innovative Lösungen für die Unterrichtsgestaltung anbieten und bei der Bekämpfung des Frontalunterrichts als Hauptmodus der Wissensvermittlung an deutschen Schulen mithelfen können.

EINE HERAUSFORDERUNG FÜR ELTERN – WARUM HEUTE NICHT MEHR GILT, WAS DAMALS WAR

Es ist kein Geheimnis, dass wir Eltern heutzutage ein relativ geringes Verständnis für unsere Kinder und ihre

Lebensbedingungen haben. Tatsächlich kommen uns viele Dinge, die unsere Kinder als selbstverständlich und üblich betrachten, befremdlich und unnatürlich vor. Mit knapp sieben Jahren anfangen, die Grundlagen der Programmierung zu erlernen? Den ganzen Tag vor dem Bildschirm verbringen? Alltägliche Aufgaben auf herkömmliche Weise und ohne jeglichen Einsatz von Technologie erledigen?

Eines müssen wir zugeben: Nicht selten wünschen wir uns, dass unsere Kinder in einer "normalen" Umgebung aufwachsen könnten. Nach unserer veralteten Weltanschauung ist heute nichts mehr normal – vielmehr scheinen uns viele alte "gute" Sachen ins Absurde gekehrt worden zu sein. Was könnte der Grund dafür sein? Ganz einfach – mit den Umständen, mit denen unsere Kinder heute zu kämpfen haben, waren wir noch nie konfrontiert.

Und nicht nur das: Die Voraussetzungen des Bildungssystems respektive des Arbeitsmarktes haben sich grundsätzlich gewandelt, wovon unsere Generation natürlich nicht erfasst wurde. Da wir uns mit unseren Kindern in vieler Hinsicht nicht mehr auf demselben Informations- bzw. Wissensstand befinden, kann jede Hoffnung vergessen werden, dass wir jemals "in die Schuhe" unserer Kinder schlüpfen könnten. Das bedeutet allerdings nicht, dass wir (abgesehen von den unfairen Regeln dieses Abgleichspiels) keine Anstrengungen vornehmen müssen, um diese grundsätzlichen Unterschiede überwinden zu können, die die Beziehung zu unseren Kindern um vielfach hemmen, als dass sie sie stärken würden.

Bevor unsere Kinder überhaupt lernen, sich an die Bedingungen der Außenwelt anzupassen, müssen wir unsere ersten Schritte in die neue digitale Welt schon lange hinter uns haben. Können Sie sich etwa vorstellen, Ihre Kinder unbeaufsichtigt in einer Gegend spielen zu lassen, die sie selber vorher nicht inspiziert haben bzw. die sie selber nicht kennen? Natürlich nicht.

Dasselbe gilt für die hoch technologisierte Welt, in der unsere Kinder aufwachsen. Anstatt unsere veralteten Denkmuster, die in der postmodernen Gesellschaft von heute ihren Mehrwert längst verloren haben, zu Hause ständig durchsetzen zu versuchen, sollten wir vielmehr unser Kindererziehungskonzept darauf ausrichten, ein sensibles Gehör für die Sorgen und Unsicherheiten unserer Kinder zu entwickeln. Denn häufig tendieren Kinder dazu, ihre eigenen Probleme zu verschweigen – und das vor allem aus Angst vor Kritik seitens Altersgenossen und Eltern. Durch zielgerichtete und auf die Kinderperspektive ausgerichtete Gesprächsführung kann dem Kind Kraft und Mut gegeben werden, die sich später zu Selbstbewusstsein und Selbstvertrauen entwickeln werden – alles nützliche Charaktereigenschaften, die das (metaphorische) Überleben in Zeiten der extremen

Unsicherheit größtenteils sichern.
Was Sie aber auf keinen Fall versuchen sollten, ist einen direkten Vergleich zwischen sich selbst und Ihrem Kind zu ziehen. Das zu tun, bedeutet unrealistische Erwartungen an das eigene Kind zu stellen und es weiter in seinen Fähigkeiten zu verunsichern. Stellen Sie sich vor, Ihre eigenen Eltern hätten damals von Ihnen erwartet, dass Sie am Ende der gymnasialen Sekundarstufe II ein Einser-Abitur schreiben. Angenommen, dass Sie früher zur Gruppe der überdurchschnittlich hochbegabten Kinder eben nicht gehörten, ist die hochgesteckte Erwartung Ihrer Eltern leider nicht erfüllt worden. Ihre Eltern wären dann bestimmt enttäuscht von der Leistung, die Sie erzielt haben – auch wenn Sie sich ordentlich bemüht und Ihr Bestes gegeben haben, würden Ihre Eltern nur noch wenig Verständnis für Ihre Situation aufbringen.
Wie hätten Sie sich als Kind in so einem Szenario gefühlt? Sie hätten wahrscheinlich große Schuld und tiefe Scham verspürt, da Sie die Erwartungen Ihrer Eltern trotz Ihres aufrichtigen Wunsches nicht treffen konnten. Als Kind sucht man aktiv nach der Anerkennung und Bestätigung seiner unmittelbaren Umgebung – sei es in der Schule oder zu Hause. Schon ein beifälliges Wort oder sogar nur eine kleine Geste der Wertschätzung liefert dem Kind sofortige Gratifikation. Was Sie auf keinen Fall machen sollten, ist Ihre eigenen Ambitionen auf Ihr Kind zu projizieren.

Dieses besonders wichtige Gebot der Kindererziehung kann sich manchmal zu einer richtigen Herausforderung für die Eltern entwickeln. Das Beispiel, mit dem im eigenen Elternhaus vorangegangen wurde, wird im Gedächtnis des Kindes als eine Art Standard im Umgang mit Kindern abgespeichert, das später zum großen Teil unreflektiert an die eigenen Kinder praktisch angewendet wird. Wenn Sie denken, dass Ihr Kind unbedingt im Sinne dieses Beispiels erzogen werden muss, liegen Sie grundsätzlich falsch.

Können Sie die folgende Frage für sich beantworten: Was wünschen Sie sich, das Ihnen Ihre Eltern damals beigebracht hätten? Höchstwahrscheinlich haben Sie als Erstes Dinge wie Ausdauerfähigkeit oder Disziplin genannt – wie Sie bereits auch selber feststellen konnten, sind das alles wichtige personale Kompetenzen, die zuerst einmal im eigenen Zuhause erlernt werden, wo die grundsätzliche Persönlichkeit im Sinne von einem ersten (und möglicherweise auch vorübergehenden) Verhaltensentwurf geformt wird. Was wir später in der Schule dazulernen, stellt einfach die Fortsetzung dieser Kompetenzanlernung dar, die ihren Anfang innerhalb der eigenen vier Wände genommen hat. Deshalb ist es auch von enormer Wichtigkeit, dass Sie Ihrem Kind die Möglichkeit geben, die wichtigsten Grundkompetenzen fürs Leben im Komfort des eigenen Zuhauses zu erlernen (die Rahmenbedingungen von Gesellschaft und Wirtschaft stets berücksichtigend) – wenn Sie das nicht machen, kann der zeitlich verzögerte bzw. örtlich versetzte Lernprozess von Ihrem Kind als besonders anstrengend oder sogar schmerzhaft empfunden werden.

Im Laufe der Zeit ändern sich die Erziehungsmodelle, weil sie an die entsprechenden Rahmenbedingungen von Wirtschaft und Gesellschaft angepasst werden. An alten anachronistischen Erziehungsmethoden bzw. -mustern festzuhalten, würde bedeuten, die Ziele und Herausforderungen der neuen Zeit zu verfehlen. Das Einzige, was dadurch erzielt werden kann, ist die unbeabsichtigte Lahmlegung von Ihrem eigenen Kind. Stattdessen sollten Sie aktive Maßnahmen treffen, um Ihr Kind im Sinne der heute gültigen Moral zu erziehen, damit ihm später keine existenziell wichtigen Fertigkeiten und Kompetenzen fehlen würden.

Um das alles vorbeugen und Ihrem Kind zur frühzeitigen Integration bzw. Sozialisation in der hoch komplizierten (Berufs)welt von heute verhelfen zu können, sollten Sie sich erst einmal intensiver mit der Analyse Ihrer eigenen Kindheit selbstreflexiv auseinandersetzen: Was für einen Einfluss hatten Ihre Eltern auf die Herausbildung Ihrer heutigen Persönlichkeit? Können Sie zum jetzigen Zeitpunkt (mit Rückblick auf Ihr Familienleben als Kind bzw. Jugendliche/r) sagen, dass sie manche Erziehungsfehler begangen bzw. zugelassen haben? Inwiefern wurden Ihr Potenzial und Ihre Begabungen von Ihren Eltern rechtzeitig erkannt und zum Aufblühen gebracht? Die Antworten auf diese und weitere Fragen werden Sie zum "richtigen" Erziehungsmodell für Ihr Kind führen. Wofür Sie sich auch immer entscheiden – behalten Sie die zeitgemäße Entwicklung Ihres Kindes immer im Hinterkopf und erheben Sie sie zur wichtigsten Priorität im Rahmen Ihres Erziehungskonzepts!

KINDSEIN HEUTE: SOZIALE & MENTALE HERAUSFORDERUNGEN

Was ist im 21. Jahrhundert am anspruchsvollsten? Raketentechniker, Nervenchirurg oder einfach nur Kind zu sein? Wenn wir nur wüssten, was für eine schwere Last auf den Schultern von unseren Kindern abgeladen wurde, könnten wir vielleicht ein kleines bisschen davon begreifen, was ihnen Sorgen bereitet.

Haben Sie sich schon einmal gefragt, wieso alle Kinder davon träumen, eines Tages endlich erwachsen zu sein? Erwachsene hingegen würden alles dafür geben, in die Vergangenheit zurückgehen zu können, um ein letztes Mal das "simple" Leben zu genießen. "Pass auf, was du dir wünschst, denn es könnte Wirklichkeit werden". Wenn es möglich wäre, dass sich Erwachsene mit einer Zeitmaschine auf eine Reise in die Vergangenheit begeben könnten, würden viele Erwachsene davon enttäuscht sein.

Denn von “simpel” kann heutzutage nicht mehr die Rede sein. Außerdem: Wie kann man überhaupt erwarten, dass das Leben in einem hoch komplizierten Zeitalter einfach wäre? Tatsache ist, dass Kinder heutzutage von klein auf mit der Schwere der Welt konfrontiert werden. Damit können sie ihre Kindheit – die angeblich “beste und herrlichste Zeit des Lebens” – nicht mehr vollumfänglich ausleben. Aber nicht nur die mühsam gewordene Sozialisierung in Arbeitswelt und Gesellschaft macht unseren Kindern das Leben schwer: Das digitale Zeitalter bietet vielen Menschen die Möglichkeit an, Anonymität in ihrem vollen Umfang zu erleben und da uns die Realität eben zur Identitätskennzeichnung zwingt, sehnen wir uns nach Anonymität.

Kennen Sie das Gefühl, das man zu spüren bekommt, wenn man auf einer belebten Straße in einer Großstadt unterwegs ist? Das Gefühl, in den Menschenmengen unterzugehen, empfinden viele Menschen als äußerst angenehm – keiner schaut genau hin, keiner kennt den anderen und auch keiner beurteilt ihn. Genau dieses Gefühl der Geborgenheit vermittelt uns die Maske, die wir aufsetzen, wenn wir uns auf eine metaphorische Reise in den digitalen Raum begeben. Auf einmal ist es für viele Menschen völlig in Ordnung, bestimmte Dinge zu sagen und bestimmte Positionen oder Aussagen zu verbreiten – es ist ja “nur im Internet”. In Wirklichkeit sieht das aber anders aus: Egal ob in der analogen oder in der digitalen

Welt – Worte haben Gewicht und besitzen die Eigenschaft, bestimmte Reaktionen und Emotionen bei ihren Rezipienten hervorzurufen.
“Die Zunge ist schärfer als das Schwert”, lautet ein berühmter und weiser Spruch, der besagt, dass wir uns unsere Worte wohl überlegen müssen, bevor wir sie in die Welt setzen – wir wissen nämlich nicht, wie sie bei unserem jeweiligen Gegenüber ankommen werden.
Bei Kindern wird die Situation nämlich noch heikler – häufig kennen sie die Bedeutung von Wörtern, denen sie vor kurzem zum ersten Mal begegnet sind, gar nicht. Und genau, weil sie nach Aufmerksamkeit, Anerkennung und Bestätigung seitens ihrer nahen Umgebung suchen, werden sie bei jeder Gelegenheit versuchen, sich von anderen abzuheben – sei es durch ihr Aussehen, ihr Verhalten oder ihr Wissen. Zu diesem Zweck wird aber am häufigsten die Sprache verwendet. Und hoppla – bevor wir es überhaupt wissen, sind unsere eigenen Kinder diesem verheerenden Schadmechanismus von Sprache zum Opfer gefallen.
Aber nicht nur aus Wissensmangel werden bestimmte Aussagen unbedacht in die Welt gesetzt. Manchmal häufen sich im kindlichen Gemüt Aggressionen an, zu deren Abbau sie aktiv ein Ventil suchen. Bekommt das Kind keine Aufmerksamkeit und Zuneigung zu Hause, so hat die Gleichgültigkeit der Eltern nachhaltige Konsequenzen für die geistige Entwicklung ihres Kindes. Werden

keine Maßnahmen dagegen getroffen, werden solche Kinder später zu sogenannten Mobbern – Kindern, die andere Kinder für eigene egoistische Zwecke terrorisieren und verunglimpfen.

Vor allem im digitalen Zeitalter wird solchen leider missverstandenen Kindern das Mobbing extrem leicht gemacht – sie entwickeln durch die Anonymität, die ihnen im Internet gewährleistet wird, ein destruktives Selbstbewusstsein, das sie in ihren eigenen Augen großartig aussehen lässt. Alle anderen Kinder hingegen empfinden großes Unbehagen, wenn sie ihnen nahekommen, weil sie wissen, dass sie zu potenziellen Opfern von ihrem Terror werden könnten, sollten sie dem Bully durch "ungewöhnliches Verhalten" auffallen.

Leider ist es viel wahrscheinlicher, dass sich Kinder in solchen Situationen eher auf die Seite des Bullys schlagen, aus Angst, selber zu Opfern zu werden. Somit wird der Teufelskreis des Terrors geschlossen – das Opfer wird der Willkür des Mobbers überlassen und hat keine Chance, sich ihm zu widersetzen, weil jeder Widerstandsversuch von der (auch mal stillschweigenden) unterstützenden Gruppe gewaltig niedergeschlagen wird. Dieses "klassische" Mobbing-Muster ist schon längst nicht nur in der Schule, sondern vermehrt auch digital vorzufinden.

Es ist kein Geheimnis, dass Kinder manchmal grausam sein können. Da, wo Hänseln aufhört und systematische

Gewaltausübung beginnt, müssen Eltern eingreifen. Treffen sie keine passenden Maßnahmen, kann dies schreckliche Konsequenzen nach sich ziehen. Mobbing gefährdet die gesunde psychische Entwicklung von Kindern und versetzt sie in eine ungünstige Situation, aus der es mit fortschreitender Zeit immer schwieriger wird herauszukommen. Das bedeutet jedenfalls nicht, dass für Opfer von Mobbing jede Hoffnung verloren ist.

Kommt Ihnen der Name Carsten Stahl etwa bekannt vor? Vor zwei Jahren hat der Ex-Chef einer kriminellen Gang in Berlin mit der Veröffentlichung seines Anti-Mobbing-Buches "Du Täter, du Opfer: Stark gegen Mobbing und Gewalt" für ein großes Aufsehen in den Medien gesorgt. Seine Anti-Mobbing-Kampagne gilt heute noch für viele als übertrieben oder sogar extrem, jedoch ist er fest entschlossen: Er will Mobbing an Schulen komplett abschaffen. Er selbst hat als Jugendlicher extreme Gewalt erlebt und ist sogar stark davon überzeugt, dass das der Grund für seinen spontanen Absturz ins Bodenlose später im Leben war. Er hat am eigenen Leib erfahren, wie dünn die Grenze zwischen Opfer und Täter manchmal sein kann: „Wird ein Kind über längere Zeit gedemütigt und geschlagen, muss es Schmerzen aushalten. Es zerbricht. Oder es lernt, sich zu wehren. Zunächst schlägt es nur zurück, doch mit jedem Sieg wächst die Verführung anzugreifen. Bis das Kind daran Gefallen findet. Eine Art Dauerkränkung verhindert jegliche Schuldgefühle", schreibt

er in seinem Buch und rät Eltern dringend, ihren Kindern die notwendige moralische Unterstützung in jeder Situation und unter allen Umständen zu leisten.
Wenn sie das nicht tun, besteht eine viel zu große Wahrscheinlichkeit, dass sie früher oder später aufs falsche Gleis geraten.
Heute ist Carsten Stahl stark, weil er von seinen vergangenen Fehlern gelernt hat. Jetzt will er ratlosen Kindern und Eltern helfen, diese große Herausforderung gemeinsam zu überwinden. Sei es durch die Serie "Privatdetektive im Einsatz" oder durch die Seminare, die er im Rahmen von "Camp Stahl" anbietet – sein Einfluss auf dem Gebiet von Mobbing-Bekämpfung an deutschen Schulen bleibt nach wie vor äußerst bedeutsam.
Und da die Rede gerade von der Schule ist: Der frühe Erwerb von unzähligen Medienkompetenzen, der das Schulsystem unseren Kindern aufzwingen will, setzt Jugendliche unter enormen Stress. Da der Cyberraum in seiner sozialen Perspektive weitgehend als offen gesehen wird, ist praktisch jeder zur Teilnahme berechtigt. Eigentlich sollte das übergeordnete Ziel der schulischen Medienbildung die Vermittlung von relevanten Medienkompetenzen sein. Und trotzdem scheitert die Schule kläglich daran, den Schülern die Grundlagen von Datenschutz und Persönlichkeitsrechten im Internet beizubringen.
In dem Sinne ist es absolut unabdingbar für Eltern, sich

in die Perspektive ihrer Kinder einfühlen zu können – tut man das nicht, bleibt man häufig an der Oberfläche. Taucht man jedoch darunter, fängt man an, bestimmte Zusammenhänge zu erkennen: So etwa den Zusammenhang zwischen mangelhafter Medienausbildung und der Anfälligkeit für Cyber-Mobbing. Wenn Kinder ihre Persönlichkeitsrechte nicht kennen (die sowohl in der analogen als auch in der digitalen Welt Geltung finden) und nur unzureichend darüber informiert sind, wie sie ihre persönlichen Daten im Internet schützen können, kann es durchaus passieren, dass sie früher oder später zu Opfern von Cyber-Mobbing werden.

Soziale Verhältnisse im 21. Jahrhundert haben sich nicht nur grundsätzlich gewandelt, sondern sie haben auch vollen Einzug ins Digitale gehalten. Nicht mal der digitale Raum ist frei von sozialer Diskrimination – vielmehr hat sie weite Ausbreitung gefunden. Die räumliche Versetzung von Diskrimination bedeutet jedenfalls nicht, dass sie von der analogen Welt völlig verschwunden ist, nur weil sie eine zweite Heimat im Digitalen gefunden hat. Man könnte behaupten, soziale Unterschiede haben sich sogar verschärft, seitdem das Leben primär im Digitalen stattfindet. Konnten Kinder früher unbegrenzt miteinander in Kontakt treten und sich frei auf der Straße austauschen, wo sie sich in vergangenen Zeiten zum Spielen getroffen haben, so ist das heute nicht mehr möglich. Heutzutage stehen Eltern viele technische Möglichkeiten zur

Verfügung, die sozialen Kontakte von ihren Kindern nach eigenem Ermessen und vor allem nach sozialer Klasse der Kinder und gegebenenfalls ihrer Eltern einzugrenzen.

Wenn dies passiert, leiden die Kinder unter den Fehlern ihrer eigenen Eltern – Kinder geraten im echten Leben zunehmend in soziale Isolation untereinander. Aber nicht nur mit sozialen Herausforderungen haben unsere Kinder im heutigen digitalen Zeitalter zu kämpfen – als ob das nicht genug Belastung wäre –, es kommen auch noch mentale Probleme hinzu.

Das Internet bietet uns tausend und eine Möglichkeit, etwas aus unserem Potenzial zu machen. Sehr häufig weisen Kinder aber ein geringes Maß an Gewissheit auf, was ihre Berufsorientierung angeht. Aus diesem Grund empfinden sie die Fülle an unendlichen Möglichkeiten, die ihnen in der heutigen hochkomplexen Welt zur Verfügung stehen, eher als verunsichernd und verstörend. Denn – man kann alles oder auch nichts werden. Früher hatten wir einen besseren Überblick über die wenigen Möglichkeiten, die uns damals zur Auswahl standen und deswegen waren wir relativ entschiedener und zuversichtlicher in Sachen Karriereperspektiven als es unsere Kinder heutzutage sind.

In dem Sinne ist es nützlich zu wissen, wie man die Sache sanft anpacken kann, ohne dass bestimmte Aussagen, die Sie an Ihr Kind zielbewusst richten, bei ihm als Vorwürfe oder gar Angriffsversuche ankommen. An erster Stelle gilt es wie sonst immer, offen, klar und ohne jegliche Vorbehalte (das heißt jedoch nicht, aggressiv vorgehend oder in imperativen Ton verfallend!) mit Ihrem Kind zu kommunizieren – lassen Sie es wissen, dass Sie sein Freund sind (und nicht etwa ein Befehlsgeber oder gar Unterdrücker) und es durch jede Schwierigkeit hindurch bedingungslos unterstützen und begleiten werden. So selbstverständlich wie das klingen mag, ist dieser erste Schritt der wichtigste von allen. Wie Sie bereits wissen, brauchen Kinder ständige Bestätigung seitens der Eltern – wenn sie diese nicht bekommen, kommen sie häufig zu unnötigen

Fehlschlüssen wie "Meiner Mama ist es eigentlich egal, was später von mir wird" oder "Papa hat immer so viel zu tun und meine Probleme belasten ihn eh nur". Um dies zu vermeiden, müssen Sie Ihre Positionen als Elternteil klar und deutlich durch Sprache proklamieren. Im nächsten Schritt müssen Sie Ihrem Kind selber Orientierung bieten, indem Sie ihm aufzeigen, welches Potenzial es besitzt. Als Erwachsene haben wir einen besseren Einblick in die Persönlichkeit unserer Kinder – wir kennen ihre Interessensgebiete, ihre spezifischen Geschmäcker und nicht zuletzt ihre besonderen Fähigkeiten und Talente. Ist Ihr Kind weitgehend unentschlossen, so bietet sich hier eine günstige Gelegenheit, Einfluss auf wichtige zukünftige Entscheidungen zu nehmen – lenken Sie seine

Aufmerksamkeit auf die vielen persönlichen Stärken, die Sie besitzen und verraten Sie ihm, welche außergewöhnlichen Talente in ihm stecken.

Manchmal wollen Kinder einfach nur ihren eigenen Weg gehen und so weigern sie sich, auf die Ratschläge ihrer eigenen Eltern hören. Das bedeutet jedenfalls nicht, dass sie Professionellen nicht zuhören würden. Sehr häufig ist es leider so, dass Kinder die Gesinnung ihrer Eltern für aus der Zeit gefallen und lästig halten. Mit Unbekannten gehen sie aber unterschiedlich vor – sie gehen davon aus, dass sie ein besseres Verständnis für ihre Weltanschauung aufbringen können als ihre eigenen Eltern, welche sie ihr ganzes Leben kennen.

Rebellieren gehört einfach zur Kindheit dazu – es sollte aber kein Grund zur Verzweiflung sein. Vielmehr könnten Sie die Situation zugunsten des Kindes umkehren: Fragen Sie mal spontan Ihr Kind abends am Tisch oder gleich mittendrin im themenbezogenen Gespräch, was es von Karriereberatung hält. Versuchen Sie, die Idee so gut wie möglich zu verkaufen (schlagen Sie zum Beispiel vor, dass Sie danach gemeinsam ins Einkaufszentrum gehen und Sie ein paar Sachen für Ihr Kind kaufen, die es schon lange haben wollte) – wenn Sie Glück haben, wird Ihr Kind auf diese Aufforderung eingehen und sich mit einem professionellen Berater treffen, der ihm bestmöglich helfen wird, die richtige Entscheidung für sein späteres Leben zu fällen.

Viele Eltern machen den Fehler, ihre Kinder alleine auf dem Weg zur Selbstfindung zu lassen und stellen erst Jahre später fest, dass ihre Zurückhaltung den eigenen Kindern viel zu viel gekostet hat. Denn Kinder, die mit der bedingungslosen Unterstützung ihrer Eltern bei der schwierigen Identitätssuche nicht rechnen können, sind extrem anfällig für Identitätskrisen. Das ist mit Abstand das Schlimmste, was einem aufwachsenden Kind auf dem Weg zum Erwachsenwerden begegnen könnte.

Eine Identitätskrise kann die gesunde Entwicklung des Kindes auf Dauer beeinträchtigen und sich somit als äußerst gefährlich für die notwendige mentale Stabilität im Alltag erweisen. Wird dem Kind aus dieser Situation nicht frühzeitig genug rausgeholfen, besteht sogar eine nicht zu unterschätzende Gefahr, dass das Kind an einer psychischen Krankheit erkranken könnte. So zeigt ein aktuelles Kinder- und Jugendreport der Krankenkasse DAK aus dem Jahr 2019, dass Ärzte in 1,9 Prozent der Fälle eine Depression bei Kindern im Alter von 10 bis 17 Jahren diagnostizieren konnten, wobei nach medizinischen Angaben Mädchen häufiger als Jungen (da sie ihre Gefühle lieber verdrängen, anstatt zuzugeben, dass sie ein Problem haben und somit von der Statistik weitgehend nicht erfasst werden) in Behandlung aufgenommen werden. Ulrich Hegerl, Vorsitzender der Stiftung Deutsche Depressionshilfe, sagt dazu: "Wir gehen von etwa zwei betroffenen Kindern pro Schulklasse aus".

Statistisch gesehen ist die Tatsache, dass nur zwei von zwanzig Kindern einer Schulklasse an Depressionen leiden könnten, eher insignifikant.

Uns Eltern ist jedoch eine andere Tatsache bewusst – die Tatsache, dass sich hinter Statistiken und Zahlen reale Menschen und ihre nicht immer gnädigen Schicksale verstecken. Die statistische Wahrscheinlichkeit, dass ausgerechnet Ihr Kind an Depressionen erkrankt, ist gering – sie beträgt aber niemals null Prozent. In seiner im Auftrag des Verbandes Bildung und Erziehung verfassten Expertise „Welchen Förderbedarf haben Kinder mit emotional-sozialen Entwicklungsstörungen?" aus dem Jahr 2017 beschreibt Professor Dr. Bernd Ahrbeck das Phänomen der depressiven Störungen folgenderweise: "Weiterhin spielen depressive Beeinträchtigungen und soziale Einkapselungen eine wichtige Rolle. Häufig ist ihre persönliche Problematik in ein schwieriges familiäres und soziales Umfeld eingebunden, das sich für eine Weiterentwicklung nur als begrenzt förderlich erweist".

Ihm zufolge handelt es sich beim heutzutage an Schulen vermehrt nach vorne tretenden Förderbedarf emotional-soziale Entwicklung um starke Beeinträchtigung des alltäglichen Lebens und (entgegen der landläufigen Meinung) nicht etwa um "leichte Anpassungsprobleme".

Kinder, die in ihrer emotional-sozialen Entwicklung weitgehend zurückgeblieben sind, haben in der Vergangenheit reichlich Erfahrungen mit Bindungsstörungen, inneren Konflikten und gravierenden Traumatisierungen gemacht. Zudem setzen in der Regel bei solchen Kindern in einem relativ jungen Alter Hyperaktivitäts- und Aufmerksamkeitsstörungen ein, häufig mit Regellosigkeit, aggressivem Verhalten und massiven Angststörungen gepaart. Es ist nicht ausgeschlossen, dass genau die Kinder, die davon betroffen sind, dann in einem späteren Lebensabschnitt anfangen, Drogen zu konsumieren und die Schule systematisch zu schwänzen.

Wie Sie bereits auch selber feststellen konnten, handelt es sich beim sich ständig ausbauenden Förderbedarf emotional-soziale Entwicklung um eine Fülle an seriösen generell mentalen Behinderungen, die die Zukunft unserer Kinder existenziell zu bedrohen scheint. Wie können wir als Gesellschaft die verheerenden Schäden davon verhindern? "Die bisherige hohe Qualität der sonderpädagogischen Ausbildung muss gesichert sein. Integrations- und inklusionsspezifische Inhalte sind nunmehr stärker zu berücksichtigen, dabei darf es aber nicht zu einer Einbuße an Ausbildungsqualität kommen" – so der professionelle Rat von Professor Dr. Bernd Ahrbeck. Als Eltern tragen wir in besonderer Weise die Verantwortung dafür, unsere Kinder von dem lauernden Bösen in dieser außergewöhnlich gewordenen Welt zu schützen. Und wie machen wir das am besten?

Indem wir uns mitfühlend in ihre Lage versetzen und ein offenes Ohr für ihre Sorgen und Ängste behalten. Weil

Kindsein heute eben alles andere als einfach ist.

HERAUSFORDERUNGEN VON ERZIEHUNG

Was bedeutet es nun heutzutage, Eltern zu sein? Dass wir unsere Augen und Ohren überall haben müssen? Dass wir uns ständig Sorgen um das Wohlergehen unserer Kinder machen müssen? Oder etwa, dass wir am besten alles wissen und können sollten?

Da muss man Ihnen tatsächlich Recht geben – das sind alles nützliche "Elternkompetenzen", die in der Welt von heute früher oder später zum Einsatz kommen. Wichtig ist dabei, den grundlegenden Prototyp der allgemeinen Kindererziehung ständig im Auge zu behalten und darüber auch mal selbstreflexiv nachzudenken: "Erziehung kommt von Beziehung".

Die Beziehung, die wir im Laufe der Zeit zu unseren Kindern aufbauen, spiegelt sich in ihrer späteren Entwicklung wider. Wächst das Kind in einem nährenden und unterstützenden Umfeld auf, wird es irgendwann einmal zum vollwertigen Glied unserer modernen Gesellschaft. Genießt das Kind aber keine Liebe und Zuneigung zu Hause, kann sich dies als fatal für seine Persönlichkeitsentfaltung erweisen.

Wir Eltern wollen das Beste vom Besten für unsere Kinder und zweifellos ist das Wertvollste, das wir ihnen jemals als Geschenk überlassen könnten, eine schöne und lehrreiche Kindheit. Hört sich gut an, jedoch sind mit fortschreitender Entwicklung und Anpassung unserer hochmodernen Gesellschaft an die Rahmenbedingungen von Politik und Wirtschaft neue, bisher weniger relevante Herausforderungen dazugekommen.

Wer von uns hätte vor ein paar Jahren geahnt, eines Tages werden wir unseren Kindern beibringen müssen, dass sie später im Leben nicht zulassen müssen, in entsprechende Geschlechterrollen gedrängt zu werden? Aktuelle gesellschaftliche Strömungen wie der berühmt-berüchtigte Feminismus oder eben auch der Neoliberalismus wollen alle in ihrem eigenartigen Kampf um Dominanz, gesellschaftliche Anerkennung und Anhängerschaftszuwachs jeweils ihre Weltansichten durchsetzen und sie in die Erziehung unserer Kinder einfließen lassen.

So sind heutzutage viele Eltern der Ansicht, man solle Kindern die Definition ihrer eigenen Geschlechtsidentität völlig überlassen. Heutzutage gilt es als weitgehend "unzulässig", dass Mädchen mit Puppen und Jungen mit Spielzeugautos spielen, weil ihnen auf diese Weise angeblich "unnötige und unterdrückende" Geschlechterrollen auferlegt würden. Wie Sie selber dazu stehen, können Sie selber entscheiden.

Tatsache ist aber, dass Kinder die Fähigkeit besitzen, sich in jedem Lebensszenario zu adaptieren. In diesem Sinne passen sie sich nicht nur an die Bedingungen zu Hause an, sondern auch an die Bedingungen, die sie in der äußeren Welt vorfinden. Wird das Kind zu Hause geschlechtsneutral erzogen, wird es später mit dem öffentlichkeitstauglichen Konzept der Geschlechterrollen konfrontiert. Hier ist der Einfluss der Familie eher begrenzt, weil das Kind gleichzeitig in zwei parallelen Welten aufwächst – dem eigenen Zuhause und dem öffentlichen Raum.

Ein anderes weit verbreitetes Konzept suggeriert, dass Kindererziehung ohne Druck vonstattengehen sollte. Früher galten Strafen als eine Art Disziplininstrument, heute sind sie allseits völlig verachtet. Was ist aber Sinn und Zweck von Strafen?

Als Eltern müssen wir die Lernmechanismen von Kindern gut kennen – wird ein Kind für seine Handlungen belohnt, so kommt es zur Schlussfolgerung, dass diese von anderen gebilligt und folglich gut sind. Wird das Kind aber für eine bestimmte Tat bestraft, dann lernt es, dass es etwas Falsches gemacht hat, wofür es im Nachhinein die Konsequenzen tragen muss. Auf diese Weise wird das Konzept des praktischen Lernens in der reellen Kindererziehung angewendet, wodurch das Kind lernt, aus den eigenen Fehlern zu lernen. Wird dem dieser Lernmechanismus entzogen, so weiß es nicht mehr genau, was richtig und was falsch ist – es verliert eine wichtige Orientierungshilfe im Alltag. Jedoch finden viele Eltern heutzutage, dass Strafen "barbarisch" und anachronistisch sind und somit in die Vergangenheit gehören. Klar, Kinder zu schlagen, ist brutal, unangemessen und unnötig.

Das bedeutet jedenfalls nicht, dass Kinder von allem verschont werden müssen – solche Erziehung ist nicht nur unrealistisch, sondern auch noch schädlich für Kinder, weil sie dann später unvorbereitet in die Welt gehen. Das könnte sich zu einem späteren Zeitpunkt als fatal für das Selbstbewusstsein des Kindes erweisen, denn es bekommt ständig das Gefühl, es würde alles falsch machen. Und Kinder müssen so früh wie möglich mit der Realität in Kontakt kommen, lernen und herausfinden, wie die Welt funktioniert – sonst ist ihnen kein sanfter Start ins Erwachsenenleben garantiert.

Ein anderer "Trend" in der Kindererziehung, der weitgehend von Anhängern des sogenannten Clean Eating und eingefleischten Health Junkies promotet wird, stellt die zuckerfreie Ernährung dar. Ziel ist, dass Kinder sich daran gewöhnen müssen, keine Süßigkeiten zu verspeisen. In Wirklichkeit ist der übertriebene Konsum von Zucker total ungesund und unnötig. Generell gilt, dass sich Kinder ein Beispiel an ihren Eltern nehmen. Ob wir mit gutem Beispiel vorangehen? Der Zuckerkonsum von deutschen Erwachsenen ist, im Vergleich zu der gesunden Tagesdosis, fast um das Vierfache erhöht. So gehört das Marmeladenbrot unbedingt jeden Morgen auf den Tisch und der Schokopudding darf als Nachtisch am Nachmittag niemals fehlen. Wie erwarten wir dann, dass sich Kinder nur noch von Obst und Gemüse ernähren, wenn wir selber nicht mal auf überflüssige Kalorien im Alltag verzichten können? Und was ist, wenn die kleine Emily bzw. der kleine Leon einmal auf die Geburtstagsparty vom besten Freundchen gehen und dem Geburtstagskind mit wässrigen Augen mitteilen müssen, dass sie bzw. er keinen Schokokuchen essen dürfen, weil das die Mama so gesagt hat. Dabei erlauben die Eltern von allen anderen Kindern auf der Geburtstagsparty ihnen, Schokokuchen zu essen. Wie würde sich Ihr Kind in so einer Situation fühlen? Ausgegrenzt, schuldig, unbehaglich ... Wollen Sie das wirklich, dass Ihr Kind ständig mit negativen Emotionen konfrontiert wird?

Da Zuckererzeugnisse überall angeboten werden, an der Schule, an der Kasse im Supermarkt und auch bei der Oma, ist es praktisch unmöglich, dieser süßen Versuchung zu entkommen. Was Sie Ihrem Kind erlauben oder eben nicht erlauben, liegt allein in Ihrem Ermessen. Zu empfehlen ist jedenfalls (wie sonst üblich) die Einhaltung von einem nicht allzu restriktiven Ernährungsplan, das heißt die schrittweise Herausbildung von einer gesunden Ernährungskultur, die Ihrem Kind alle notwendigen und wichtigen Nahrungsstoffe für ein gesundes Wachstum liefert.

Wie Sie bereits erfahren konnten, ist die Anzahl von den

Herausforderungen im Bereich der Kindererziehung, mit denen wir Eltern jeden Tag konfrontiert werden, enorm angestiegen. Die Ansprüche werden immer höher und komplexer. Wir müssen uns aber nichts vorschreiben lassen – nicht von der Gesellschaft und nicht von anderen Eltern. Weil nur wir selbst tatsächlich wissen, was für unsere Kinder am besten ist.

Stabile Eltern-Kind-Beziehungen

Die enge Bindung an die Eltern vermittelt dem Kind ein Gefühl der Geborgenheit und Sicherheit. Als Eltern sind wir verpflichtet, den Bedürfnissen unserer Kinder so gut wie möglich nachzukommen. Um das machen zu können, müssen wir erst mal eine stabile Eltern-Kind-Beziehung zu ihnen aufbauen.

In unserem Leben begegnen wir vielen Menschen, mit denen wir entsprechende Beziehungen eingehen. Doch keine ist so intim und so tief wie die Beziehung zu unseren eigenen Kindern. Deswegen müssen wir auch wissen, wie wir diese pflegen und stärken können. Um die

Wichtigkeit von Bindung musterhaft hervorzuheben, wird im Folgenden das berühmt-berüchtigte Experiment von Kaiser Friedrich II. als Beispiel herangezogen: Im 13. Jahrhundert hat dieser versucht, Neugeborene von ihren Eltern isoliert aufzuziehen. Ziel seines düsteren Experimentes war herauszufinden, ob die Kinder später Hebräisch (die ursprüngliche Sprache der Menschheit, die die biblischen Figuren Adam und Eva gesprochen haben sollen), die restlichen Sprachen Jesu (Griechisch, Lateinisch, Arabisch) oder doch die Sprache der Eltern, denen sie weggenommen wurden, zu sprechen beginnen.

Eine andere sogenannte Kontrollgruppe von Kleinkindern, die im Gegensatz zur Testgruppe von ihren Eltern emotional rundum versorgt wurde, ist ebenfalls Teil des Experimentes gewesen.

Was glauben Sie, ist mit beiden Experimentalgruppen passiert? Im Kontext des Experimentes könnte man das schreckliche Ergebnis mit folgendem Bibelzitat zusammenfassen: "Der Mensch lebt nicht von Brot allein". Die Säuglinge, die eine Zeit lang ohne Liebe und Zuneigung aufgezogen wurden, sind leider alle aus Mangel an menschlicher Wärme, sanfter Berührung und nicht zuletzt einer gesunden Eltern-Kind-Bindung gestorben, während die Säuglinge, deren emotionalen Bedürfnissen nachgegangen wurde, selbstverständlich überlebt haben und die Sprache ihrer Eltern zu sprechen gelernt haben. Dieses tragische Ende hat der Geschichtsschreiber

Salimbene von Parma, der über das unmenschliche Experiment des Kaisers berichtete, mit folgenden Worten beschrieben: Alle Säuglinge, die am Versuch teilgehabt haben, sind schon alleine deswegen gestorben, "denn sie konnten nicht leben ohne das Händeklatschen und Winken, das fröhliche Lächeln und die Koseworte ihrer Ammen und Nährerinnen".

Dieses Beispiel lehrt uns, wie wichtig eine starke Eltern-Kind-Beziehung für heranwachsende Kinder wirklich ist – sie ist nämlich überlebenswichtig. Heutzutage ist es leider dazu gekommen, dass diese weitgehend auf der Strecke geblieben ist. Hierin spielen mehrere Faktoren eine entscheidende Rolle – psychische, affektive und Persönlichkeitsstörungen der Eltern sind die häufigsten Komplikationen, die eine gesunde Eltern-Kind-Beziehung dauerhaft schädigen können. Und wie Sie bereits wissen, hat die zunehmende Globalisierung und Digitalisierung des modernen Lebens viel mit der Zunahme von Persönlichkeitsstörungen unter Erwachsenen zu tun. Schlimmer ist nun, dass sie auch noch auf unsere Kinder übertragen werden können, wenn wir nicht aufmerksam genug damit umgehen.

So haben Psychologen und Sozialpädagogen der Psychiatrischen Universitätsklinik Zürich herausgefunden, dass rund 60 Prozent aller Kinder depressiver Eltern bereits in einem jungen Alter selbst an einer psychischen Störung erkranken können. Die Fähigkeit von Eltern, kommunikative Signale, die vom Kind ausgesendet werden, aufmerksam wahrzunehmen, sie richtig zu interpretieren und selber angemessen auf diese zu reagieren, kann von vorhandenen psychischen Störungen enorm beeinträchtigt werden. Wenn dies passiert, kann man davon ausgehen, dass entsprechende Bindungsstörungen zwischen Eltern und ihren Kindern als erstes Anzeichen für ein ernsthaftes Problem in der sakralen Eltern-Kind-Beziehung entstehen.

So können Eltern, die an einer psychischen Störung leiden, häufig nicht vernünftig auf die Emotionen des eigenen Kindes reagieren. Kinder sind von Natur aus feinfühlig und haben eine ausgeprägte Affinität für Gefühle inne. Eltern, die an bestimmten Persönlichkeitsstörungen leiden (besonders Depressionen und anderen psychischen Erkrankungen, die mit heftigen Stimmungsschwankungen einhergehen), weisen häufig geringe Empathie für die Emotionen ihrer Kinder auf. Gesunde Eltern können die negativen Emotionen ihrer Kinder (Traurigkeit, Wut, Angst) nachvollziehen oder besser gesagt reflektieren – sie wissen dann, wie sie am besten vorgehen, um die seelischen Schmerzen ihrer Kinder zu lindern bzw. ihre Stimmungen entsprechend zu regulieren.

Werden psychisch belastete Eltern jedoch leicht von den negativen Gemütszuständen ihrer eigenen Kinder überwältigt, so kann diese Überforderung mit den psychischen Bedürfnissen des Kindes in feindselige Gefühle dem eigenen Kind gegenüber umschlagen. Tritt diese Situation wiederholt ein, in der das Kind mit keinerlei Verständnis (geschweige denn mit emotionaler Unterstützung) seitens der Eltern rechnen kann, verliert das Kind die Kontrolle über die eigenen Emotionen. Der Schutzmechanismus der emotionalen Entlastung, der die Eltern ihrem Kind zu einem früheren Zeitpunkt zur Verfügung gestellt haben, hat sich nun in Luft aufgelöst.

Somit besteht die Gefahr, dass das Kind später im Leben ein weniger kompetentes Verhalten aufweist und in seiner Autonomieentwicklung wesentlich beeinträchtigt wird. Aber auch psychisch gesunde Eltern können mit der Zeit Bindungsprobleme zu ihren Kindern entwickeln. So trägt etwa die eheliche Disharmonie dazu bei, dass die Beziehung zu unseren Kindern ebenfalls darunter leidet. Wenn sich Mama und Papa zu Hause die ganze Zeit streiten und das Kind dauernd Zeuge von den gestörten Familienstrukturen bzw. -prozessen wird, kann dies extrem verunsichernd wirken. Dasselbe gilt für die mangelnde gegenseitige Unterstützung der Eltern und die offene Vorführung von Gewalt- und Misshandlungsszenen innerhalb der Familie – sie schaden nicht nur den Eltern, sondern vor allem auch den Kindern und ihrer gesunden psychischen Entwicklung.

Am wichtigsten bleibt aber nach wie vor die Einstellung der Eltern gegenüber ihren Kindern: Verhalten sie sich auch nur nebenbei unsicher, vermeidend, ambivalent oder desorganisiert, hinterlässt das einen dauerhaft negativen Eindruck beim Kind, der es denken lässt, es habe keine starken Grundlagen, auf die es sich in jeder verzweifelten Situation verlassen kann, was wiederum seine gesunde Entwicklung hemmt. Nicht zu unterschätzen ist auch der Umgang der Eltern mit Lebensereignissen des Kindes bzw. die Art und Weise, auf die sie diese bewältigen – sind darin Verleugnungs-, Rückzugs-, Resignations- oder Dramatisierungsmuster zu erkennen, so kann man feststellen, dass ein nicht unwesentliches Bindungsproblem in der Beziehung zum eigenen Kind bereits vorhanden ist.

Heutzutage lassen sich aufgrund der erheblichen Belastung, der wir täglich im Berufsleben begegnen und vieler anderer Störfaktoren, die das digitale Zeitalter mit sich in unser Leben gebracht hat, leider vermehrt allgemeine Bindungsprobleme in vielen familiären Strukturen beobachten. Wie lassen sich diese aber am besten behandeln? Auf diese Frage kann Donald Winnicott, früherer englischer Psychoanalytiker und Kinderarzt, die perfekte Antwort geben: Mit seiner Theorie des "Containment" (zu Deutsch etwa "Eindämmung") sorgt er für eine bahnbrechende Erkenntnis auf dem Gebiet der pädagogischen Psychologie. Doch was genau besagt seine berühmte Containment Theorie oder in anderen Worten – was genau ist Containment? Eine nützliche Definition hierfür liefert der deutsche Soziologe und

Psychotherapeut Martin Dornes: „Unter Containment wird die Fähigkeit der Mutter verstanden, die Affekte des Kindes – insbesondere die negativen – nicht nur zu verstehen und zu beantworten, sondern in ihrer Antwort gleichzeitig so zu verändern, dass sie für das Kind erträglicher werden".

Da die Persönlichkeit des Kindes immer noch nicht ausgereift ist, übernimmt die Mutter die Funktion einer Hilfsperson, die mithilfe des szenischen Verhaltens das Kind dabei unterstützt, seine negativen Affekte zu regulieren (indem die Mutter die Affekte des Kindes in veränderter Form zurückspiegelt, werden diese nach und nach vom Kind internalisiert). Diese einfache Praxis stärkt die so wichtige Bindung zwischen Kind und Eltern und eignet sich sowohl für größere Kinder als auch für Erwachsene, da auf diese Weise beide Seiten ihr universelles Bedürfnis nach menschlicher Bindung stillen können. Wie bereits diskutiert wurde, können gesunde Eltern-Kind-Beziehungen aber manchmal durchaus durch die eigenen Bindungsprobleme der Eltern gehemmt werden. Generell gesprochen geben Eltern diejenigen Bindungsmuster an die eigenen Kinder weiter, mit denen sie selber als Kinder Erfahrung gemacht haben. Deswegen ist es von großer Wichtigkeit, dass wir Eltern erst mal unseren eigenen Bindungsproblemen oder auch unterschwelligen Kindertraumata bewusst werden und diese aktiv dann konfrontieren, damit wir im Anschluss daran sichere Bindungen zu unseren Kindern eingehen können.

Gelingt uns dieser schwierige Schritt der Selbstakzeptanz und -veränderung, können wir mit Sicherheit davon ausgehen, dass unsere Kinder eine gesunde Beziehung zu ihren Eltern genießen können, während sie aufwachsen. Dadurch entwickeln sie später im Leben eine stark ausgeprägte Resilienz, die sie mögliche Lebenskrisen besser meistern, ein stabileres Selbstkonzept erarbeiten und insgesamt glücklicher und erfolgreicher durchs Leben gehen lässt.

POSITIVE ENTWICKLUNG FÖRDERN – WIE FUNKTIONIERT DAS?

Die Zeiten, in denen wir heutzutage leben, fordern viel Intelligenz und Ausdauerfähigkeit von unseren Kindern. Diese und viele andere positive Fähigkeiten stecken in jedem Kind drin. Aber wie genau lassen sie sich frühzeitig erkennen und gewinnbringend fördern? Als Allererstes ist es für uns Eltern wichtig, dass wir lernen, unsere Kinder ganz genau zu beobachten.

Einmal genauer hinschauen und dann werden Sie plötzlich einsehen, wie großartig Ihr Kind ist, in allem, das es macht. “In jedem Kind steckt ein Genie” – schon mal davon gehört? Schon die kleine Hannah, die jeden Samstag stundenlang in der Kinderbibliothek herumsitzt, die bunten Kinderbücher durchblätternd und bewundernd und der kleine Leon, der immer so gerne und mit besonderer Aufmerksamkeit einfache Legosteine in moderne Autos verwandelt, sind höchstwahrscheinlich hochbegabt.

Bei den meisten Kindern sind Anzeichen einer Hochbegabung in der Regel schon im frühen Säuglingsalter zu beobachten: So kann sich ein Kind, das mit zehn Monaten die Fähigkeit zu sprechen erwirbt, später in der Schule als hochbegabt erweisen. Verfügt das Kind in seinen ersten Lebensjahren über einen Wortschatz, der weit über "Mama" und "A-güü" hinausgeht, kann dies auch als Indiz für Hochbegabung dienen. Häufig passiert auch, dass sich Kinder selber und ohne jegliche Hilfe von Erwachsenen das Lesen aus eigenem Antrieb beibringen. Manchmal verblüffen uns sogar die intelligenten Fragen, die uns unsere eigenen Kinder stellen, denn es sind üblicherweise altersuntypische oder auch noch philosophische Themen, die sie wiederholt ansprechen: Was ist der Sinn des Lebens? Wie kommen Babys auf die Welt? Wer ist Gott und was macht er?

Nicht selten versuchen wir dann zu Erziehungszwecken, ihnen eine stark vereinfachte und eindeutige Antwort zu geben, denn "Sie sind nur Kinder und verstehen nicht so viel von der Welt". Wie groß ihr Verständnisvermögen tatsächlich ist und wie schnell und effektiv sie Informationen aufnehmen können, bekommen wir erst dann zu verstehen, wenn sie sich mit unseren Fragen kritisch auseinanderzusetzen beginnen: "Aber du hast doch gesagt, dass Gott gut ist und dass er uns liebt. Wieso passieren dann immer noch schlimme Dinge?"

Plötzlich stehen wir wie gelähmt da und wissen nicht mehr, was wir antworten sollen. Anstatt dem Kind Bemerkungen am Rande zu machen und ihm davon abzuraten, "unbequeme und unhöfliche Fragen" zu stellen, sollen Sie entweder seinem Wissensdurst gerecht werden oder direkt zugeben, falls Sie nicht kompetent genug sind, um eine Antwort auf seine Frage geben zu können – sonst gehen Sie das große Risiko ein, die Neugier und somit das Interesse Ihres Kindes auf Dauer stillzulegen und somit sein psychisches bzw. spirituelles Wachstum unabsichtlich zu hemmen.

Das wollen Sie auf gar keinen Fall machen – ganz im Gegenteil, Sie müssen ständig nach Wegen suchen, das Potenzial Ihres Kindes in seinem vollen Umfang zu entfalten. So zeigen sich viele hochbegabte Kinder mit der Erledigung von einfachen alltäglichen Aufgaben unzufrieden und suchen ständig nach neuen Herausforderungen und ungelösten Rätseln. Wie wäre es zum Beispiel mit einer spontanen Schnitzeljagd? Wenn Sie mehr Zeit mit Ihrem Kind im Freien verbringen und ihm dabei eine wertvolle Zeit schenken wollen, dann ist dies die perfekte Möglichkeit für Eltern, an der kognitiven (und physischen) Entwicklung ihrer Kinder aktiv teilzunehmen, ohne dass sich die Kinder mit lästigen und weniger praktischen Rechenaufgaben langweilen. Mithilfe von diesem anspruchsvollen Spiel erlernen sie viele nützliche Kompetenzen wie das Lesen von geografischen Karten, die Orientierung an Himmelsrichtungen mit einem Kompass, das Ablesen von spezifischen Symbolen und ihrer Bedeutung und vieles mehr.

Wenn Kinder spielerisch lernen, erwerben sie viele wertvolle Fähigkeiten "nebenbei" – im Gegensatz dazu erscheinen konventionelle Lernmethoden eher öde und langweilig. Um das vielfältige Potenzial unserer Kinder entsprechend und kindgerecht fördern zu können, müssen wir erst mal die Lernmechanismen kennen, nach denen die Wissensaneignung der Kinder erfolgt.

Jedes Kind zeigt verschiedene Präferenzen, was die Art und Weise von Lernen angeht – während das eine Kind seine Schulbücher gerne mag und somit eine klare Präferenz für theoriezentriertes Lernen demonstriert, bevorzugt das andere, die Initiative selber in die Hand zu nehmen, um auf praktische Weise zu erfahren, wie bestimmte Dinge in Wirklichkeit sind. Als eine gute Praxis hat sich jedoch (unabhängig von der bevorzugten Lehrmethode von individuellen Kindern) das spielerische Lernen durchgesetzt, das in letzter Zeit vermehrt im Unterricht zum Einsatz kommt.

Klassische Partyspiele, die unter einem bestimmten Motto (wie etwa Detektive, Piraten, Wanderabenteurer etc.) stattfinden, fungieren in etwa als perfekte Beispiele für das Konzept des spielerischen Lernens: Kinder haben den natürlichen Antrieb, spielerisch die Welt zu entdecken und mit ihr zu kommunizieren – indem wir den Lernprozess der Kinder an die Logiken des Spielens anpassen, werden die Kinder zur aktiven Aufnahme von selbst erworbenen Kenntnissen angeregt oder in anderen Worten – "verlockt".

Somit verläuft der kindliche Lernprozess größtenteils unbewusst, wobei das Kind kein bisschen kostbare kognitive Energie entlang des gesamten Wissensaneignungsprozesses verschwenden muss. Eltern und Forscher sind sich in einem Punkt einig – spielerisches Lernen macht Kinder schlau, ohne sie zu langweilen oder unnötig zu ermüden. Versuchen Sie es heute noch und genießen Sie die Fülle an Vorteilen für Ihr eigenes Kind!

ENTWICKLUNGSPSYCHOLOGIE IM DIGITALEN ZEITALTER

Kinder wachsen schneller auf, als wir uns vorstellen können. Bevor wir es wissen, sind sie groß und erwachsen – unsere elterliche Wahrnehmung scheitert häufig daran, die einzelnen Entwicklungsphasen unserer Kinder entsprechend zu erfassen und zu verarbeiten.

Es fühlt sich so an, als ob sie gestern noch mit Plüschtieren gespielt haben – heute stehen für sie aber wichtige

Entscheidungen an: Sie müssen sich für Leistungskurse, Praktika, Karrierewege und Co entscheiden. Im digitalen Zeitalter, in dem wir heutzutage leben, gehen die einzelnen Phasen der kindlichen Entwicklung mit wesentlicher Beschleunigung einher – somit fällt Kindern häufig schwer, die Entwicklungsphase, in der sie sich gegenwärtig befinden, bzw. das Leben, so wie es nun ist, zu akzeptieren und in vollen Zügen zu genießen.

Als Eltern haben wir die Verpflichtung, die gesunde Entwicklung unserer Kinder zu fördern – vor allem in einer Zeit, in der nichts mehr sicher ist, müssen wir ihnen eine starke Grundlage bieten, auf die sie sich immer stützen können. Um dies machen zu können, müssen wir die Bedürfnisse unserer Kinder gut kennen und wissen, wie wir diese am besten befriedigen. Kennen Sie das Modell der Bedürfnishierarchie von Abraham Maslow?

Ganz unten befinden sich basale Bedürfnisse, die die menschliche Natur definieren, wohingegen weiter oben solche Bedürfnisse stehen, die dem Individuum eine Art Selbstwert verleihen. Ziehen wir dieses allgemeine Modell der Bedürfnispyramide als Orientierungshilfe für die Schilderung kindlicher Bedürfnisse heran, so können wir es an die Bedürfnisse von Kindern anpassen: Als universelles Bedürfnis jedes Kindes (dies gilt für jedes Lebensalter und für jede Entwicklungsphase) kommt dem Bedürfnis nach Zuwendung der unterste Platz in der Pyramide zu. Achtung:

In diesem Kontext ist das Bedürfnis nach Zuwendung nicht mit dem Bedürfnis nach Liebe zu verwechseln (geschweige denn dadurch zu ersetzen). Denn: Alle Eltern lieben ihre Kinder und wollen das Beste für sie – selbst diejenigen, die sie auch mal schlecht behandeln. Was haben allerdings Liebe und Zuwendung gemeinsam? Indem wir unseren Kindern Zuwendung im Alltag schenken, liefern wir ihnen einen Beweis für das unendliche Ausmaß unserer Liebe. Da Kinder ständige Bestätigung brauchen, müssen wir ihnen auch zeigen, wie sehr wir sie lieben.

Und wie machen wir das am besten? Indem wir Zeit für sie und ihre vielfältigen Bedürfnisse finden – anstatt sie ständig mit unzutreffenden und entmutigenden Aussagen wie etwa "Du bist viel zu klein, um ..." zu verunsichern, müssen wir ihnen mehr Mitgefühl zeigen. Hat das Kind Schwierigkeiten damit, sich selber anzuziehen, müssen wir Geduld haben und ihnen mehrmals anschaulich erklären, wie das geht. Nur wenn wir unseren Kindern mit Worten und Taten zeigen, wie viel sie uns bedeuten, werden sie ihrerseits lernen, später im Leben liebevoll und wertschätzend mit ihren nahen Menschen umzugehen.

Auf einer höheren Stufe der kindlichen Bedürfnispyramide befindet sich das Bedürfnis nach Verständnis. Diesbezüglich meint Bruno Bettelheim (US-amerikanischer Kinderpsychologe österreichischer Abstammung, der

sein Leben der Behandlung kindlicher Psychosen gewidmet hat): "Kinder wirken häufig betrübt, weil ihr Verständnis von der Welt und den Dingen in ihr umstritten wird. Die Überlegenheit der Erwachsenen, die sich in der Art und Weise, wie sie über Dinge nachdenken, äußert, erweckt in ihm das Gefühl der totalen Niederlage. Es wird wütend und traurig – ihm gelingt weder das Hervorheben der eigenen Argumente noch das Verständnis der elterlichen Erwägungen. Das Kind fühlt sich besiegt – es wurde auf keinen Fall von den Gegenargumenten seiner Eltern überzeugt –, im Gegenteil bekommt es das Gefühl zu spüren, betrogen und enttäuscht zu sein. Es weiß, dass es dem Rat seiner Eltern folgen muss – das bedeutet, dass es entgegen den eigenen Überzeugungen handeln muss, was seinerseits das Kind zutiefst betrübt".
Damit all das verhindert werden kann, müssen wir es als Eltern vermeiden, unsere eigenen Überzeugungen und Weltanschauungen den Kindern aufzudrängen. Früher waren wir selbst auch nur Kinder und jetzt, wo wir unsere eigenen Kinder haben, müssen wir es zulassen, dass unsere Kinder einer anderen Meinung sind als wir selbst – schließlich sind die Bedingungen, unter denen wir aufgewachsen sind, völlig unterschiedlich von denjenigen, mit denen unsere Kinder heutzutage von klein auf konfrontiert werden.
In diesem Sinne ist es absolut normal, dass Kinder, die in der modernen und hochkomplexen Welt von heute leben

und wachsen, mit den veralteten Denkmustern ihrer Eltern nichts anfangen können. Außerdem denken Kinder häufig äußerst objektiv über die Realität nach – ein alltägliches Beispiel dafür liefert Bruno Bettelheim selbst. Wenn ein Kind im Einkaufszentrum verloren geht, sagt die Mutter dazu: "Alex hat sich verlaufen". Dabei wäre Alex aber wohl einer anderen Meinung, wenn man ihn nach seiner Perspektive auf die Situation fragen würde – vielmehr würde er behaupten, dass seine Mama auf ihn nicht aufgepasst und ihn von der Hand gelassen hat, weil ihre Aufmerksamkeit im betreffenden Moment durch etwas anscheinend "Interessanteres" abgelenkt wurde.
Von unseren Kindern können wir nur selten erwarten, dass sie ihre Handlungen rechtfertigen oder uns den Sinn davon erklären – entweder weil unterbewusste Motivationen in Frage kommen oder weil unser strenger Umgang mit ihnen sie davon abhält, offen und ehrlich mit ihren eigenen Eltern zu kommunizieren.
Das Einzige, was uns Eltern in solchen verwirrenden Situationen übrig bleibt, ist das Einfühlungsvermögen und die Fähigkeit, sich in die Lage der Kinder zu versetzen, um aus ihr heraus ein besseres Verständnis für die Handlungsmotive und Überzeugungen unserer Kinder zu bekommen. Auf die höchste Stufe der Bedürfnispyramide kommt das Bedürfnis nach Respekt. Das eigene Kind zu respektieren, bedeutet, mit ihm so umzugehen, als wäre es ein gleichwertiger Erwachsener. Vom Umgang mit

unseren eigenen Kindern hängt ihr späteres Selbstbild ab – so wie wir uns mit ihnen verhalten, werden sie sich selbst behandeln. Denn sie orientieren sich hauptsächlich an den Handlungen von Erwachsenen – verdient laut eines Erwachsenen ein bestimmter Mensch keinen Respekt, so werden Kinder dem betreffenden Menschen auch keinen zollen.

Was nun, wenn es sich hierbei um das Kind selbst handelt? Dann hat das Kind wohl ein selbstdestruktives Verhalten adoptiert. Dasselbe gilt für Befehle und Kommandos, die wir Eltern immer so gerne erteilen: Das ist nicht die richtige Art und Weise, auf die wir mit unseren Kindern kommunizieren sollten! Kleine Worte mit großer Wirkung wie "Bitte" und "Danke" sind im Wortschatz von Eltern, Erziehern und Kinderpflegern größtenteils nicht vorhanden. Selbst das bloße Ignorieren von alltäglichen Aktivitäten (zum Beispiel wenn man ihnen eine Frage stellt und dann nicht bis zum Ende ihrer Antwort abwartet) wird von ihnen als eine Geste der Respektlosigkeit angesehen. In anderen Situationen gehen wir so unbedacht mit Intonation und Betonung um (etwa wenn wir sie fragen, warum sie etwas bestimmtes gemacht haben – nicht selten kommt diese Frage unter bestimmten Bedingungen als Vorwurf bei ihnen an und selbst unsere gutmeinenden Worte können sie vom Gegenteil überzeugen), dass Kinder gleich jede Motivation verlieren, sich vor uns "rechtzufertigen". Wenn wir aber lernen, uns gerecht und respektvoll mit ihnen zu unterhalten, werden sie diese Umgangsweise auch in ihrem Erwachsenenleben aktiv bei anderen Menschen anwenden. Und wenn wir uns an diese einfachen Regeln halten, können wir mit Sicherheit wissen, dass wir unseren Kindern die bestmögliche Erziehung (und damit auch eine exzellente Entwicklung) geschenkt haben – was gibt es Besseres als das für unsere Kinder und ihre erfolgreiche Zukunft? Ja, Sie haben richtig geraten – weil es nämlich nichts Besseres gibt.

DIGITALER KONSUM & SEINE AUSWIRKUNGEN

Heutzutage ist es so, dass wir nur ungerne auf unsere lieben Bequemlichkeiten verzichten. Während manche Verbesserungen des modernen Lebens, die mit der allumfassenden Digitalisierung sämtlicher Lebensbereiche einhergehen, uns unnötig und manchmal sogar überflüssig erscheinen, sind diese für unsere Kinder aber längst unentbehrlich geworden.
Das Internet und die digitalen Medien gehören heute einfach zum Alltag der Kinder dazu – das ist eine allgemeine Tendenz, die sich überall auf der Welt beobachten und von niemandem aufhalten lässt. Digitaler Konsum ist nun zu einem festen Bestandteil des Lebens unserer Kinder geworden – wie können wir aber sicherstellen, dass

unsere Kinder vernünftig damit umgehen? Indem wir zuerst die Vor- und Nachteile von digitalem Konsum bei Kindern kennenlernen und dann die Routinen und Gewohnheiten unserer Kinder entsprechend ändern und anpassen. Generell gesprochen weist der digitale Medienkonsum sowohl positive als auch negative Aspekte für Kinder auf.

Fangen wir erst mal mit den positiven Aspekten an: So zeigt eine Studie des Deutschen Instituts für Vertrauen und Sicherheit im Internet (DIVSI U9-Studie: Kinder in der digitalen Welt) aus dem Jahr 2015, dass Lernspiele das Potenzial in sich bergen, Kinder zum aktiven Lernen anzuregen – so gaben 57 Prozent aller befragten Eltern an, dass Lernspiele auf digitalen Endgeräten "die Lust ihrer Kinder am Lernen vergrößern", weil sie dadurch die Chance bekommen, frei und ohne die Anleitung von Erwachsenen die Welt des Wissens zu erkunden.

Des Weiteren wird aus Elternsicht das Konzentrationsvermögen ihrer Kinder durch die intensive Mediennutzung wesentlich erhöht – 58 Prozent der Eltern stehen entschlossen hinter der Aussage, dass etwa Computerspiele „die Konzentrationsfähigkeit und motorischen Fähigkeiten, beispielsweise die Geschicklichkeit," ihrer Kinder verbessern können. Außerdem stellt die Tatsache, dass 59 Prozent der Eltern mit der Aussage übereinstimmen, die aktive Nutzung von umfassenden Lernangebot, das das Internet ihren Kindern zur Verfügung stellt, würde zum besseren Verständnis von Lerninhalten beitragen, eine der wichtigsten Erkenntnisse der DIVSI-Studie dar. Man kann also festhalten, dass digitale Medien von Eltern vor allem dann als vorteilhaft angesehen werden, wenn sie einen konkreten Lernnutzen mit sich bringen – so helfen digitale Inhalte Kindern häufig dabei, Zusammenhänge herzustellen und ihre Kenntnisse zu vertiefen, ihr Konsum fördert die Entfaltung von Kreativität, sie entwickeln dadurch praktische digitale Kompetenzen.

Eine ähnliche Meinung vertritt auch Prof. Dr. Gerald Hüther, langjähriger Professor für Neurobiologie und Autor mehrerer populärwissenschaftlicher Publikationen auf dem betreffenden Gebiet. In einem Interview für den Bayerischen Rundfunk wirbt er öffentlich für das Konzept "Lernen mit Begeisterung". Was steckt nun hinter dem so schön klingenden Namen? Prof. Dr. Hüther erklärt: "Der Zustand der Begeisterung geht einher mit der Aktivierung der sogenannten emotionalen Zentren. Die emotionalen Zentren kann man sich wie eine Gießkanne vorstellen: Wird die Gießkanne angesetzt, fließen an ihrem Ende die neuroplastischen Botenstoffe heraus und ergießen sich sozusagen über das Gehirn. Begeisterung ist das, was diese Gießkanne mit den Nährstoffen im Gehirn anstellt". Und wie Sie bereits wahrscheinlich wissen, sind Kinder besonders leicht zu begeistern – daran kann das digitale Lernen erfolgreich anschließen und folglich können Kinder einen ergiebigen Nutzen von digitalen Konsum ziehen.

Dennoch warnt der Neurobiologe im Kontext der Akzentualisierung bzw. Akzentsetzung im Alltag ("wenn etwas für ein Kind bedeutsam ist, dann lernt es das auch") vor der enormen wirtschaftlichen (und in letzter Zeit auch noch zum reinen Eigenzweck gewordenen) Macht, die die großen Massenmedien in ihren Händen konzentriert haben: "Jede Kultur, jede Gesellschaft hat bestimmte Vorstellungen davon, was für sie besonders wichtig ist, und lädt dann ihre Kinder ein, dieser Vorstellung zu folgen. Als Gesellschaft und im Hinblick auf die Medien müssen wir uns fragen: Wollen wir zulassen, dass die Bedeutsamkeiten für unsere Kinder von Medien, die vor allem ein kommerzielles Interesse haben, hergestellt werden?"

In diesem Sinne gilt es, den digitalen Medienkonsum von Kindern mit höchster Vorsicht zu genießen – das volle Paket großartiger Vorteile hat schließlich seinen Preis: Denn eigentlich ist in der pädagogischen Forschung viel öfter von negativen Aspekten des (übermäßigen) digitalen Konsums als von positiven Seiten des Online Learning die Rede. Ein möglicher Grund dafür könnte sein, dass der unbedachte digitale Konsum nicht selten mit negativen Auswirkungen für Körper und Seele einhergeht.

So zeichnet etwa die BLIKK-Studie aus dem Jahr 2017 ein düsteres Bild. In ihrer wissenschaftlichen Untersuchung erforschen Kinderärzte und Bundesdrogenbeauftragte die Auswirkungen von Medienkonsum sowohl bei Kindern im Grundschulalter als auch bei Säuglingen und ihren Eltern. So hat sich etwa herausgestellt, dass Säuglinge häufig an Fütter- und Schlafstörungen leiden, wenn die Mütter in ihrer unmittelbaren Nähe digitale Medien nutzen. Später, wenn sie in die Kita kommen, stellt sich heraus, dass bereits 70 Prozent der Kinder das Smartphone ihrer Eltern aktiv (in diesem Fall heißt dies: Täglich und länger als eine halbe Stunde) zu nutzen anfangen. Die Ergebnisse dieser Studie sind mehr als besorgniserregend: So konnte man ebenfalls feststellen, dass schon bei Kindern ab zwei Jahren eine Art Mediensucht entstehen kann – ganze 69,5 Prozent der Kinder, die in die Stichprobe der Untersuchung einbezogen wurden, können weniger als zwei Stunden aushalten, ohne das Bedürfnis zu verspüren, auf digitale Medien zuzugreifen. Wird das Kind diese schlechte Gewohnheit bis zum sechsten Lebensjahr nicht los, vergrößert sich somit das Risiko von Sprachentwicklungsstörungen und motorischer Hyperaktivität. Forscher sind sich einig: Wird Medienkompetenz nicht frühzeitig genug erlernt, besteht im höheren Alter ein größeres Risiko, an Mediensucht zu erkranken (mittlerweile medizinisch als Suchterkrankung anerkannt). Eine andere Studie (Media use, sports activities and motor fitness in childhood and adolescence), die in der Wiener klinischen Wochenschrift

129:13-14 von Juli 2017 publiziert wurde, kommt zum Schluss, dass heranwachsende Kinder im Alter von 10 bis 14 Jahren aufgrund von extrem überhöhtem Medienkonsum sich nur noch ungenügend bewegen – 10,3 Stunden digitalem Konsum an Wochentagen (und gar zwölf Stunden an Wochenenden) stehen 5,1 Stunden Sport pro Woche gegenüber.

Die Forscher sprechen von Medien als einen "Zeit-Killer", der das Freizeitverhalten heranwachsender Kinder gewaltig stört, wodurch sinnvollere Aktivitäten wie Sport oder auch Lesen zu kurz kommen. Außerdem konnten bereits mehrere assoziierte Studien den Zusammenhang zwischen Medienkonsum und Gesundheit aufzeigen – die BLIKK-Studie bringt etwa den täglichen digitalen Konsum mit dem erhöhten Genuss von Süßigkeiten und zuckerhaltigen Erfrischungsgetränken in Verbindung, was wiederum einen überdurchschnittlich hohen Body-Mass-Index generieren lässt. Außerdem können laut der Studie bei Kindern, die häufig digitalen Medien und ihren negativen Auswirkungen auf Körper und Seele ausgesetzt werden, folgende Krankheitssymptome auftreten: Depressionen, Reizbarkeit, Bluthochdruck, Schlaflosigkeit, Erschöpfung, Augenbeschwerden und sogar Migräne.

Deswegen müssen wir Eltern höchst aufmerksam mit dem Medienkonsum unserer eigenen Kinder umzugehen wissen und immer dann einschreiten, wenn eine

Mediensucht sich zu entwickeln droht, bevor es richtig kritisch wird. Der Kinder zuliebe müssen wir alle Anstrengungen unternehmen, damit solches unter gar keinen Umständen geschieht!

ANTIAUTORITÄR, DEMOKRATISCH, LAISSEZ-FAIRE – WELCHER ERZIEHUNGSSTIL PASST FÜR MICH & MEIN KIND?

Wie erziehe ich mein Kind am besten? Wie viel Freiheit braucht ein Kind, um glücklich zu sein? Was ist das beste Erziehungsmodell für Kinder und Eltern? Alles Fragen, die jungen Eltern Sorgen bereiten und den Schlaf rauben. Sehr häufig sind wir geneigt, nach universellen Lösungen und absoluten Wahrheiten zu suchen, obwohl wir tief in uns wissen, dass diese in Wirklichkeit gar nicht existieren könnten – schön wäre es ...

Stattdessen stehen uns Eltern zahlreiche Möglichkeiten zur Verfügung, aus denen wir unsere eigenen Wahrheiten herausnehmen können – je nach Situation und Funktionalität neu definierbar. Was die Kindererziehung angeht, bestehen keine Ultimaten und keine Kurzwege zum ultimativen Ziel – einer kind- und zeitgerechten Erziehung, die das Kind selbstbewusst und erfolgreich aufwachsen lässt. Vielmehr müssen wir zwischen verschiedenen Lösungsansätzen abwägen können und wissen, welche Vor- bzw. Nachteile sie jeweils bieten.

Im Folgenden werden Ihnen drei berühmte Erziehungsstile vorgestellt, aus denen Sie jeweils positive Erziehungsstrategien zur praktischen Anwendung im Alltag lernen können. Als Erstes haben wir den sogenannten antiautoritären Erziehungsstil – er zeichnet sich vor allem durch absolute Zwanglosigkeit, hohe Wertschätzung für das Kind und seine einzigartige Persönlichkeit und dem Kind zugeschriebene Selbstverantwortung aus. Beim antiautoritären Erziehungsstil geht es im Grunde genommen darum, dass Kinder in ihrer Selbstentfaltung gefördert werden und ihrem alltäglichen Tun grundsätzlich keine Grenzen gesetzt werden (mit ein paar selbstverständlichen Ausnahmen).

Eltern selbst nehmen sich nicht mehr als autoritäre Figuren wahr, die nur ultimative Anweisungen geben und mit dem Zeigefinger drohen – in ihrem Wortschatz existieren ab nun keine autoritären Ausdrücke mehr wie etwa "Nein, das darfst du nicht" oder "Du bist noch lange nicht groß genug, um ..." Stattdessen lassen Eltern ihre eigenen Kinder nach dem Lustprinzip entscheiden, ob sie etwas machen oder nicht. Kinder, die in diesem Erziehungsstil sozialisiert werden, genießen ein hohes Maß an Freiheit in ihrem alltäglichen Leben – sie folgen keinen Routinen oder straffen Plänen für ihren Alltag. Vielmehr werden ihnen weite Selbstbestimmungsrechte eingeräumt, die ihr tägliches Leben regeln – somit wird ihnen ein großer

Spielraum gewährt, den sie aus eigener Initiative frei und vorbehaltlos nach eigenem Geschmack frei gestalten können.

In diesem Kontext könnte man sagen, dass Kinder von den Fesseln des jahrelangen Gehorsamszwangs der Vergangenheit (20er und 30er Jahre des 20. Jahrhunderts) befreit werden und nun ermutigt werden, ihre eigene Wahrheit zu leben, denn sie müssen sich nicht mehr überflüssigen familiären Ordnungsstrukturen unterordnen.

So ist im Rahmen dieses Erziehungsstils kaum von Unterdrückung die Rede – anstatt Kindern weniger sinnvolle Grenzen zu setzen und sie somit in ihrer Entwicklung und Persönlichkeitsentfaltung wesentlich zu beeinträchtigen, unterstützen die Eltern ihre Kinder bei jeder wichtigen Entscheidung, die ihnen bevorsteht. Bereits in den 60er Jahren haben sich mehrere Politiker und Sachverständige für diesen Erziehungsstil ausgesprochen – tatsächlich sind Kinder, die nach diesem Beispiel aufgewachsen sind, später zu starken und kreativen Erwachsenen geworden (im Gegensatz zu Kindern, die autoritär erzogen wurden und infolgedessen Aggressionen entwickelt haben), die eigenständig und sozialfähig im Leben handeln.

Jedoch besteht die Gefahr, dass solche Kinder nicht frühzeitig genug lernen, Rücksicht auf andere zu nehmen und mit negativen Erfahrungen entsprechend umzugehen und folglich egoistisch werden und nur noch wenig Verständnis für die bestehenden Grenzen anderer Menschen aufbringen.

Kommen wir nun zum demokratischen Erziehungsstil: Das ist das Erziehungsmodell, das häufig an Schulen und anderen öffentlichen Bildungseinrichtungen der demokratischen Grundordnung vorzufinden ist. Es teilt manche Ansichten, die der antiautoritäre Erziehungsstil für sich formuliert hat – etwa die ungehinderte Selbstbestimmung und die Förderung der Eigeninitiative und Selbstständigkeit des Kindes. Eltern stehen ihren Kindern mit Rat und Tat zur Seite und unterstützen sie in jeder gegebenen Situation, ohne Befehle zu erteilen – somit wird dem Kind eine Mischung aus Autorität und Freiheit angeboten, das Beste aus zwei Welten.

Die Bedürfnisse und Wünsche der Kinder werden von den Eltern weitgehend berücksichtigt, wobei Kinder ein starkes Vertrauen zu ihren Eltern aufbauen und die Vorteile einer gesunden Eltern-Kind-Beziehung in vollem Umfang genießen können. Eltern bauen ihre Kinder konstruktiv auf und bieten ihnen vielfältige Möglichkeiten für die eigene Persönlichkeitsentfaltung an.

Dadurch erlernen sie emotionale Kompetenz, Teamfähigkeit, Problemlösungskompetenz, Selbstsicherheit und entwickeln zudem einen komplexen Wortschatz, da sie ständig mit ihren Eltern in Kontakt stehen. Kinder, die nach dem demokratischen Prinzip erzogen wurden, erbringen später im Leben häufig gute Leistungen, entwickeln ein realitätsnahes Selbstwertgefühl und bleiben sogar in Krisensituationen relativ stabil. Solche Kinder wachsen stolz auf sich selbst auf und lassen sich von den materiellen Werten (wie etwa Markenkleidung oder auch den neuesten Handymodellen), die von der heutigen Gesellschaft so offen proklamiert werden, nicht beeindrucken – denn ihnen wurde beigebracht, was im Leben wirklich zählt.

Jedoch hat auch dieses Erziehungsmodell seine Nachteile – so sind Kind und Eltern in ihrer Meinung häufig nicht gleichberechtigt, weil Eltern in vielen ernsthaften Situationen üblicherweise das letzte Wort haben dürfen. Außerdem erfordert dieser Erziehungsstil sowohl von elterlicher als auch von Kinderseite viel Zeit und Geduld, um gute Ergebnisse in der Erziehung zu erzielen. Was ist nun mit dem sogenannten "Laissez-Faire" (zu Deutsch etwa "machen lassen") Erziehungsstil? Bei ihm nehmen Eltern die äußerst passive Rolle des neutralen Beobachters in der Erziehung ein und überlassen vieles dem Kind selbst.

In diesem Sinne kommt das Laissez-Faire Erziehungsmodell dem antiautoritären nah, wobei man behaupten könnte, dass es sich dabei um einen Extremfall von antiautoritären Stil handelt, weil sich Eltern beim Ersteren eher uninteressiert und manchmal sogar gleichgültig ihren Kindern gegenüber verhalten. Sie bieten selbst nur

selten Hilfe und leisten sie erst, nachdem sie darum gebeten wurden und beteiligen sich nur am Rand an der tatsächlichen Kindererziehung. Sie bleiben im Umgang mit ihren Kindern weitgehend freundlich und wohlwollend, aber geben grundsätzlich keinen Orientierungsrahmen vor, nach dem sich die eigenen Kinder ausrichten könnten – dadurch suchen sie die Anstrengungen, die normalerweise zur Kindererziehung dazugehören, auf ein Mindestmaß zu reduzieren.
Eltern, die diesem Erziehungsstil folgen, stellen kaum Ansprüche an die eigenen Kinder und ziehen ihre Perspektive und Denkweise nur selten in Betracht – im schlimmsten Fall werden die Kinder von ihren Eltern weitgehend vernachlässigt. Man könnte sagen, mit diesem Erziehungsmodell darf das Kind die absolute Freiheit erleben – damit gehen aber natürlich auch erhebliche Nachteile einher: Im Vergleich zu ihren Altersgenossen, die anders erzogen wurden, haben sie häufig Probleme beim Aufbauen von Beziehungen. Des Weiteren kennen sie die dünne Grenze zwischen Nähe und Distanz nicht, was weiterhin zu ihrer Beziehungsunfähigkeit beiträgt. Dazu kommen nicht selten auch noch Anpassungsschwierigkeiten im späteren Berufsleben und eine geminderte Leistungsfähigkeit (da die eigenen Eltern früher nur noch niedrige Standards vorgegeben haben, welche an der Schule und im Beruf selbstverständlich erhöht werden – deshalb fällt es solchen Kindern schwer, mit

ihnen Schritt zu halten und genau deswegen werden sie auch leicht überfordert).

Am schlimmsten ist aber an diesem Erziehungsstil, dass die auf diese Weise aufgewachsenen Kinder später im Leben vermehrt für Kriminalität, Alkohol- und Drogenmissbrauch anfällig werden. Es existieren viele weitere Erziehungsstile, von denen man sich inspirieren lassen kann – autokratisch, autoritär, egalitär, negierend, permissiv etc. Selbstverständlich bietet keiner davon nur noch Vorteile, sondern bringt unvermeidlich auch Nachteile und Risiken mit sich.

Kein Erziehungsstil ist absolut – vielmehr gewährleisten sie eine Art Orientierung für Eltern und können nach eigenem Befinden angepasst oder auch kombiniert werden, damit sie mit den eigenen Werten und Normen von Eltern konform gemacht werden. Diese unterliegen einem ständigen gesellschaftlichen Wandel (wie am Beispiel des antiautoritären Erziehungsstils ersichtlich wurde) und müssen folglich erst mal auf den Prüfstand gestellt werden. In diesem Sinne ist es wichtig, dass sie einen Erziehungsstil wählen (oder eben eine Kombination aus mehreren Stilen), der bzw. die zu den Bedürfnissen Ihres Kindes und Ihren eigenen Forderungen an das Kind genau passt – und zudem zeitgemäß und adäquat ist. Wenn Sie das gemacht haben, haben Sie bereits die wichtigste Voraussetzung für die erfolgreiche Zukunft Ihres Kindes geschaffen.

Anpassung an digitale Zukunft – aber wie?

Eine der wichtigsten Kompetenzen, die für das heutige Leben unentbehrlich geworden ist, stellt die Anpassungsfähigkeit dar. Davon sind vor allem wir Eltern betroffen – denn während unsere Kinder in die neue digitale Welt hineingeboren wurden, sind wir völlig andere Lebensbedingungen gewohnt und müssen erst mal vieles verlernen, was uns heute nicht mehr dient, um uns auf die neuen Herausforderungen der Moderne ausrichten zu können.

Unter vielen Eltern herrscht das Vorurteil, die digitale Zukunft würde unseren Kindern nur noch schaden und Kinder würden im Gegenzug nichts davon abbekommen. In Wirklichkeit sieht es aber völlig anders aus – gerade die Digitalisierung schafft viele Voraussetzungen für die aussichtsreiche Zukunft unserer Kinder: Dank ihr entstehen ständig neue Arbeitsplätze – infolge der steigenden Konkurrenz am digitalen Arbeitsmarkt verbessert sich im Laufe der Zeit die Qualität der angebotenen Leistungen, um die komplexer gewordenen Bedürfnisse der Kundschaft besser treffen zu können: Man könnte also behaupten, dass wir heute von einer ganz anderen, "inklusiven" Lebensqualität sprechen – das Leben ist zum Teil lebenswürdiger geworden und das haben wir vor allem der umfassenden Digitalisierung zu verdanken.

Um diese wunderschöne neue Welt unseren Kindern vorstellen zu können, müssen wir sie erst mal selber besser kennenlernen. Selbst wenn wir annehmen würden, dass das heutige Leben stressiger geworden ist, müssen wir uns eines bewusst werden: Der tägliche Stress, den wir in der Welt außerhalb der eigenen vier Wände erleiden (so schädlich er für Körper und Seele auch sein mag), ist einer der stärksten Mechanismen, die uns zur Anpassung anregen. Dieses Phänomen ist auch wissenschaftlich erforscht worden – so hat der ungarisch-kanadische Mediziner Hans Selye bereits in den 50er Jahren auf das Phänomen des "allgemeinen Adaptionssyndroms" hingewiesen: Er konnte feststellen, dass Organismen, die über längere Zeiträume hinweg verschiedenen Stressfaktoren wie etwa Leistungsdruck, Lärm oder auch psychischen Belastungen ausgesetzt wurden, mit der Zeit eine Art biologische Antwort darauf formulieren.

Der Prozess der stufenweisen Anpassung an eine veränderte Situation verläuft in drei funktional differenzierten Stadien – einem Alarmreaktions-, darauffolgend einem Widerstands- und schließlich einem Erschöpfungsstadium. Im ersteren Stadium werden Stresshormone massenweise ausgeschüttet, die eine akute körperliche Anpassungsreaktion hervorrufen, wodurch der Körper in einen Zustand erhöhter Aktivität und höherer Leistungsfähigkeit versetzt wird. In dieser ersten Phase treten viele Veränderungen im Körper auf, worauf der Organismus reagiert, indem er Alarm schlägt und somit das Auftreten von den körperlichen Veränderungen den Zentren im Gehirn verkündet.

Als Folge davon versucht der Körper im zweiten Stadium das aktuelle Stressniveau zu reduzieren, die Stresshormone abzubauen und auf diese Weise den Normalzustand wiederherstellen zu lassen – dies dauert allerdings nicht lange, da kurz danach das letzte Stadium anbricht. Im letzten Stadium der Erschöpfung stößt der Körper an seine Widerstandsgrenzen und kann folglich keinen Widerstand mehr leisten – ihm bleibt nichts anderes übrig, als die Transformation von Wahrnehmung und Denkweise (der veränderten Situation entsprechend angepasst) zu gestatten. Und – je häufiger dieser Prozess wiederholt wird, desto anpassungsfähiger wird man. Das Modell des allgemeinen Anpassungssyndroms wird häufig in einem anderen Kontext erwähnt – um die langfristigen Schäden von ständigem Stress und plötzlichem Lebenssituationswechsel zu betonen und davor zu warnen. In diesem Fall wird es als Beispiel von der beeindruckenden Anpassungsfähigkeit des Menschen herangezogen. Dieses Beispiel zeigt plakativ, dass es generell möglich ist, Kinder gesund und trotzdem adaptiv an den Herausforderungen der neuen digitalen Zeit aufwachsen zu lassen. Dasselbe gilt für uns Eltern – wir können uns ebenfalls leicht an die hochkomplexe Welt von heute anpassen, ohne dabei den Verstand verlieren zu müssen. Wie Sie mit gutem Beispiel vorangehen und den Weg für Ihr Kind und seine erfolgreiche Sozialisation im digitalen Zeitalter ebnen können, erfahren Sie im nächsten Kapitel.

ELTERN ALS VORBILD

Wir Eltern sind auf keinen Fall perfekt – manchmal müssen wir aber so tun, als ob wir es wären. Denn: Kinder lernen am Modell, das wir ihnen hautnah am eigenen Beispiel vermitteln – was wir ihnen beibringen wollen, müssen wir erst mal vorleben.

So ist es ratsam, Kindern den richtigen Umgang mit digitalen Medien in einem frühen Alter beizubringen, damit sie später keinen unnötigen Schwierigkeiten in der Schule oder auch im Berufsleben begegnen.
Und gerade da gemeinsame Rituale von Kindern und Eltern so wichtig für eine gesunde Eltern-Kind-Beziehung sind, stellen wir Ihnen im Folgenden fünf einfach zu befolgende Rituale für den Alltag vor, mit deren Hilfe sich der eigene Medienumgang achtsamer und sinnvoller gestalten lässt.
Möchten Sie, dass Ihre Familie ganz unbewusst und nebenbei gute Mediengewohnheiten entwickelt? Dann schlagen Sie folgende Regel vor, an die sich alle kollektiv halten sollen: Essenszeit ist Medienauszeit! Gewöhnen Sie sich die Smartphone- bzw. Tabletnutzung am Tisch ab und genießen Sie die Vorteile, die der Verzicht auf Technik während des Essens mit sich bringt: Sie werden schnell merken, dass die Gespräche am Abend entspannter und tiefer werden, lässiger laufen und im Allgemeinen eine angenehmere und gemütlichere Atmosphäre zu Hause herrscht.
Aber nicht nur das – es ist medizinisch bewiesen worden, dass der Technikverzicht beim Essen zu einer besseren Verdauung führt, eine aufgehellte Stimmung begünstigt und sich fördernd auf Achtsamkeit, sensorische Wahrnehmung und generelles Wohlbefinden auswirkt. Wenn es Ihnen gelingt, dieses gemeinsame Ritual in Ihrem

Familienleben durchzusetzen, profitieren alle Familienmitglieder davon: Man erfährt schließlich, wie schön die kostbare Familienzeit wirklich verbracht werden kann, wenn man sich einmal nur traut, diese pur zu erleben.

Heutzutage scheinen Kinder und Jugendliche von ihren zahlreichen digitalen Geräten völlig besessen zu sein. Manchmal kommt es uns Eltern so vor, als hätten sie keine Ahnung mehr von der realen Welt, weil sie heutzutage viel häufiger in der digitalen unterwegs sind. Deswegen liegt es auch in unserer eigenen Verantwortung (und dies vor allem im heutigen digitalen Zeitalter, in dem scheinbar an Bedeutung verloren hat), ihnen die Begeisterung für das "lebendige Leben" nahezubringen. Denn häufig hat das Offline- viel mehr als das Online-Leben zu bieten, doch unsere Kinder wissen es noch nicht und gerade das macht sie extrem anfällig dafür, dem digitalen Scheinleben zum Opfer zu fallen und dadurch ihr wirkliches Leben zum größten Teil zu vernachlässigen (oder gar durch Ignoranz zu verschwenden). Um dies zu verhindern, müssen wir auch mal strengere Maßnahmen unternehmen.

So kann es sich als durchaus sinnvoll erweisen, einen täglichen Zeitplan für den Medienkonsum festzulegen – und das am besten ab einem frühen Stadium der Kindesentwicklung. Hier gilt (wie sonst immer bei Fragen der Medienerziehung üblich) insbesondere der Leitsatz "Je früher, desto besser" – wenn Sie den unkontrollierten und unbegrenzten Medienkonsum Ihrer Kinder von klein auf zulassen, so wird es mit fortschreitendem Alter der Kinder umso schwieriger, ihnen den verantwortungsvollen Umgang mit digitalen Medien beizubringen (geschweige denn zu Hause durchzusetzen). Deswegen ist es von erheblicher Bedeutung, gleich für Ordnung zu sorgen, noch lange bevor Sie etliche Mängel und Schäden im Verhalten Ihrer Kinder beim Umgang mit digitalen Medien festgestellt haben.

Versuchen Sie übrigens Folgendes: Beschränken Sie die Internetnutzung zu Hause auf ein zeitliches Minimum – ein guter Orientierungswert wäre etwa zwei Stunden täglich, wobei Sie den zeitlichen Umfang auch noch mit den Kindern aushandeln können. Oder schaffen Sie klare Regeln in Verbindung mit dem Medienkonsum zu Hause – so etwas wie "Kein Internet vor dem Schlafengehen" oder "Tommy darf nur am Nachmittag auf dem Tablet spielen, dann kommt auch Papa von der Arbeit nach Hause" funktioniert gut genug, um bestimmte Grenzen zu setzen.

Und da Kinder generell auf das Wort ihrer nahen Bindungspersonen hören und dazu noch häufig versuchen, ihren Wünschen und Erwartungen gerecht zu werden, werden sie diese neu geschaffenen Regeln auch noch erfolgreich zu Hause durchbringen können. Mit der Zeit wird diese Gewohnheit schön gefestigt – Kinder empfinden sie nicht mehr als eine Art Strafe oder gar Trotz seitens der Eltern; Ganz im Gegenteil sehen sie ein, dass Regeln notwendig sind und dazu dienen, sie vor verschiedenen Gefahren zu schützen.

Wichtig ist außerdem, Ihrem Kind dabei zu helfen, die Faszination für die reale Welt für sich zu entdecken. Im Internet sieht alles schön und gut aus – bunte Grafiken, niedliche Illustrationen, kurze und knappe Schnellinformationen in sicherer Reichweite. Nicht selten täuscht aber die äußere Erscheinung von nicht fassbarer digitaler "Realität" – im Gegensatz dazu ist in der realen Welt nun alles so wie es ist und Dinge können nur schwierig verfälscht werden. Genau deswegen müssen wir unseren Kindern die Wahrheit zeigen – damit sie sich selbst von ihr überzeugen lassen und eine Art Immunität gegen die weitverbreiteten Lügen, die überall im Internet kursieren, entwickeln können.

In diesem Sinne: Machen Sie mit Ihrem Kind reale Erfahrungen! Zeigen Sie ihm, wie schön das Leben da draußen wirklich ist. Gehen Sie zusammen in den Streichelzoo und füttern die Kaninchen, fahren Sie zum Strand und machen einen Sandburgenwettbewerb nur zwischen Ihnen und Ihrem Kind, gehen Sie auf einen Spaziergang in den Wald und sammeln Wildblumen ... Die Liste aller möglichen Aktivitäten, die Sie zusammen unternehmen können, ließe sich endlos fortsetzen.

Egal wofür Sie sich entscheiden, bleibt die Botschaft, die Sie damit vermitteln, die gleiche: Unsere kleine Welt ist schöner als jede andere – sei sie analog oder auch digital. Bleib doch kurz bei uns und lass uns zusammen als Familie Spaß haben. Ebenfalls wesentlich für die Kindererziehung ist, dass der Medienkonsum zu Hause einem klaren Ziel (oder mehreren solchen) dient – der Unterhaltung, der Bildung, dem Spielen, der Ablenkung vom Alltag etc.

Dieses Ziel sollte man gut im Auge behalten – sonst dringt er in weitere Lebensbereiche ein, wo er eigentlich nichts zu suchen hat. So ein Bereich ist etwa die Kindererziehung: Heutzutage sind viele Eltern von den unendlichen Unterhaltungsmöglichkeiten für ihre Kinder, die im Internet angeboten werden, begeistert – jedoch kommt dadurch das Menschliche in der Erziehung zu kurz.

Einem Kind, das Stunden damit verbringt, YouTube Videos am Handy seiner Mutter zu gucken, fehlt der menschliche Kontakt, den keine Technologie auf der Welt völlig ersetzen kann. Klar, digitale Medien können sinnvoll und vorteilhaft im Alltag jedes aufwachsenden Kindes eingesetzt werden. Die Erziehung ist aber ein höchst persönliches und intimes Thema, das konkrete und reelle Anstrengungen der Eltern voraussetzt. Sie dürfen nicht zulassen, dass Ihr Kind medienkompetent und gleichzeitig sozial unfähig aufwächst – vielmehr müssen Sie sicherstellen, dass es das Beste aus zwei Welten bekommt. Bis dann sollten Sie auf den Einsatz von

digitalen Medien und technischen Geräten aller Art in der Kindererziehung am liebsten verzichten. Nicht zuletzt müssen wir bei allem täglichen Tun ständig berücksichtigen, dass sich unsere Kinder in jeder gegebenen Situation ein praktisches Beispiel an unseren eigenen Handlungen nehmen.
Wir Eltern sind die größten Vorbilder unserer Kinder – warum sollten wir nicht auch die besten sein? Statt jede freie Minute auf Facebook und Co zu verbringen, können Sie sich ein nützliches Hobby wie Teamsport, Fotografie oder auch Gartenbau aussuchen und Ihr Kind am Spaß teilnehmen lassen. Dabei sammelt Ihr Kind ständig neue Erfahrungen und erlernt wichtige soziale Kompetenzen wie Team- und Kommunikationsfähigkeit – und all das wie im Spiel und so einfach wie zuvor. Wer sagt denn, dass medienfreie Freizeit langweilig sein muss? Versuchen Sie es selber und lassen Sie sich vom Gegenteil überzeugen!

PRAKTISCHE FRAGEN: HANDY, LAPTOP & CO

Heutzutage sind digitale Geräte kaum mehr aus dem Alltag unserer Kinder wegzudenken. Auch wenn wir große Anstrengungen unternehmen, um sie bestmöglich vor den Gefahren der digitalen Welt zu schützen, kommen sie früher oder später mit ihr in Berührung. Sowohl in der Schule als auch in der Öffentlichkeit werden unsere Kinder ständig mit digitalen Medien konfrontiert – ob uns das gefällt oder nicht, können wir sie nicht völlig von der äußeren Welt abkapseln.

Und wenn wir das doch tun, gehen wir das große Risiko ein, dass sie nie wirklich ihren Platz in ihr finden – stattdessen sollten wir versuchen, sie auf die Dinge vorzubereiten, die sie später in der Welt als "gegeben" vorfinden werden.

Während sich Eltern früher überwiegend Sorgen um Sachen wie das zukünftige Familienleben oder die ungewissen Karriereerfolgschancen ihrer Kinder gemacht haben, müssen wir uns heute den Kopf über "existenzielle" Fragen wie "Mit wie vielen Jahren soll mein Kind ein eigenes Handy bekommen?", "Sollte ich die digitalen Geräte meiner Kinder kontrollieren?" und "Ist es nicht an der Zeit, Niklas einen Laptop zu besorgen, er geht ja nächstes Jahr schon aufs Gymnasium?" zerbrechen. Die Zeiten haben sich geändert – und mit ihnen auch die Prioritäten unseres Lebens.

Aber keine Sorge, denn Sie sind hier auf keinen Fall allein – tausende Eltern überall auf der ganzen Welt machen sich genauso viele Gedanken darüber wie Sie gerade. Im Folgenden erfahren Sie nun die Antworten auf die häufigsten Fragen von besorgten Eltern rund ums Thema Kinder und digitale Medien: Wann ist also die beste Zeit, um Ihrem Kind ein Handy zu kaufen? Wenn man die

Empfehlung von Pädagogen in Betracht zieht, Kindern erst ab dem neunten Lebensjahr ein Handy anzuschaffen, wird einem beim Gedanken, wie viele Kleinkinder im Kindergartenalter eins besitzen, schlecht. Denn eigentlich werden ihnen dadurch hochwertige soziale Erfahrungen entzogen – auf einmal zeigen sie nur noch für das Handy ein ausgesprochenes Interesse und wollen nicht mehr mit anderen Kindern spielen, da die Interaktion mit diesen ihnen scheinbar nichts mehr bringt, denn schließlich machen ja Online-Spiele viel mehr Spaß als Kuchenbacken im Sandkasten.

Wozu braucht aber eigentlich mein Kind ein Handy bzw. was sind unentbehrliche Funktionen von Handys, auf die man keinesfalls verzichten kann? Einerseits muss man ständig in Kontakt mit dem eigenen Kind bleiben – spätestens mit der Einschulung verlassen Kinder die sichere Atmosphäre des elterlichen Hauses und gehen raus in die Welt, um diese zu erkunden. Außerhalb der eigenen vier Wände kann keiner wirklich für ihre Sicherheit garantieren.

Andererseits fühlen sich Kinder häufig unwohl, wenn sie zum ersten Mal aus der Komfortzone raus müssen. Um ihnen das Gefühl der Geborgenheit und Sicherheit zu geben, können Sie Ihrem Kind ein Notfallhandy schenken, damit das Kind Sie immer dann anrufen kann, wenn plötzlich ein Problem auftritt und es sich nicht mehr wohlbehütet fühlt. Ein Smartphone braucht es mit sechs

Jahren noch nicht – das Kind ist dann immer noch relativ klein und naiv, sodass es keine Verantwortung für Wertgegenstände übernehmen kann.
Ab neun Jahren kann man aber schon anfangen, sich darüber Gedanken zu machen, ob das Kind reif genug ist, um sein eigenes Handy zu haben. Wenn man sich dafür entscheidet, muss man allerdings bedenken, dass bestimmte Kosten in Verbindung damit entstehen könnten. Was die Handytarife angeht, eignen sich zum Einstieg die sogenannten Prepaid-Karten mit einem überschaubaren Guthabenkonto ziemlich gut, denn damit werden Sie vor zu hohen Kosten geschützt. Geht das Guthaben leer, ist das Kind immer noch per eingehenden Anruf erreichbar. Wichtig ist außerdem, Ihr Kind über jegliche Kosten, die durch den verantwortungslosen Umgang mit dem Handy fällig werden können, aufzuklären.
Lassen Sie das Kind einen Teil der Kosten übernehmen (ein Einnahmen- bzw. Ausgabenplan hilft Ihrem Kind etwa dabei, den Überblick zu behalten), damit es lernen kann, sein Handy zu schätzen und es ausschließlich dann zu benutzen, wenn ein triftiger Grund vorliegt. Achten Sie außerdem darauf, dass Sie die Jugendschutzeinstellungen auf dem Handy Ihres Kindes aktivieren, damit es vor nicht jugendfreien Inhalten im Internet weitgehend geschützt wird.
Persönliche Daten benötigen einen besonderen Schutz – stellen Sie sicher, dass sein Handy mit einer PIN gesperrt

wird, damit keiner auf seine persönlichen Informationen zugreifen kann, sollte das Handy in fremde Hände geraten. Und nicht zuletzt – bringen Sie Ihrem Kind bei, dass es das Handy in bestimmten Situationen (zum Beispiel im Unterricht, im Bus, auf Familienfeiern etc.) nicht benutzen darf, weil sich andere Menschen dadurch gestört fühlen könnten. Alles gut und schön, aber: Sollten Sie die digitalen Geräte Ihres Kindes kontrollieren, damit Sie auf dem Laufenden bleiben, was seine mentale Entwicklung angeht? Generell gesprochen sollte Ihnen bewusst sein, dass die persönlichen technischen Geräte zur Privatsphäre gezählt werden, die dem besonders hohen Schutz des Persönlichkeitsrechts unterliegt. Da Eltern aber das natürliche Erziehungsrecht zusteht, das ihnen vom Verfassungsrecht eingeräumt wird, können Sie dieses zu jeder Zeit in Anspruch nehmen (auch wenn es dabei zu Verletzungen der Persönlichkeitsrechte der Kinder kommt).

Normalerweise verheimlichen Kinder vieles vor ihren Eltern, weil sie von ihnen nicht erwarten, Verständnis für ihre Probleme aufzubringen. Dafür kommunizieren sie aktiv mit ihren Freunden über die sozialen Netzwerke wie Facebook und Whatsapp und teilen gerne Geheimnisse mit ihnen. Falls Sie gemerkt haben, dass sich Ihr Kind in letzter Zeit ungewöhnlich oder gar verdächtig verhält, können Sie sein Handy kontrollieren, um herauszufinden, woran dieses seltsame Verhalten liegen könnte (denn manchmal kann etwas Ernsthaftes der Grund dafür sein).

Wenn Sie dabei auf sensible Inhalte stoßen, müssen Sie Ihr Kind extrem vorsichtig diesbezüglich ansprechen. Kommen Sie Ihrem Kind zu direkt und mutwillig entgegen, gehen Sie das Risiko ein, das Kind einzuschüchtern und weiter zu verunsichern. Deswegen: Immer ganz schön rücksichtsvoll an persönliche Themen rangehen. Des Weiteren fragen sich viele Eltern, welches Alter für die Anschaffung eines Laptops am passendsten ist. Auf diese Frage gibt es keine eindeutige Antwort. Generell gilt, dass Jugendliche ab 15 Jahren mit teurer Technik vertraut gemacht werden dürfen – schließlich wollen Sie nicht zulassen, dass sie 1.200 Euro für den neuesten Macbook ausgeben, nur damit sie nach zwei Wochen erfahren können, er ist kaputtgegangen, weil das Kind ihn aus Versehen auf die Küchenfliesen fallen lassen hat.

Wenn Sie wirklich finden, dass Ihr Kind schon verantwortlich genug mit Technik umgehen kann, können Sie den nächsten Schritt wagen. Ein guter Anlass für so ein Geschenk wäre etwa der erste Tag an einer weiterführenden Schule – einerseits erfährt das Kind auf diese Weise, dass von ihm ab jetzt höhere Leistungen erwartet werden und andererseits machen Sie ihm eine nette Überraschung zum ersten Schultag an der neuen Schule. Darüber hinaus bereiten manche Videospiele und ihr häufig schlechter gesellschaftlicher Ruf Eltern große

Sorgen. Worauf muss man also bei Videospielen vor allem achten? Als Faustregel gilt, dass die Altersfreigabe bzw. -einstufung aussagekräftig genug für die Alterseignung von Spielen ist.

Wird ein Spiel also erst ab 16 Jahren freigegeben, wobei Ihr Kind nur 14 Jahre alt ist, ist das betreffende Spiel höchstwahrscheinlich unangemessen und nicht geeignet für das Kind – folglich sollen Sie das Spielen von nicht kindgerechten Games am liebsten verhindern. Achten Sie außerdem auf die Symbole, die auf der Spielpackung abgebildet sind – sie signalisieren, welche problematischen Inhalte (Gewalt, Drogen, Vulgärsprache oder anderes) enthalten sind, damit Sie Ihr Kind vor den möglichen schädlichen Folgen eines nicht altersgerechten digitalen Konsums schützen können.

Wenn Sie empfehlenswerte Spiele mit hohen spielerischen Anforderungen für Ihr Kind aussuchen wollen, können Sie sich diesbezüglich auf Webseiten wie www.spieleratgeber-nrw.de und www.bupp.at erkundigen. Nicht zuletzt taucht häufig die Frage auf, ob Eltern Ihre Kinder vor dem TV alleine lassen können. Vor allem bei Kleinkindern im Vorschul- und Primarschulalter ist davon abzuraten – im Gegenteil sollten Eltern Kinder beim Fernsehen so oft wie möglich begleiten (denn nicht selten werden auch im öffentlich-rechtlichen Fernsehen nicht altersgerechte Inhalte abgespielt), damit sie aufkommende Fragen sofort beantworten und Kinder dadurch Fernsehinhalte besser einordnen können. Zu Erziehungszwecken ist es sogar ratsam, Kindern alternative Sendungen oder noch besser alternative Tätigkeiten zum Fernsehen in der Freizeit aufzuzeigen bzw. vorzuschlagen.

SOZIAL VS. DIGITAL: FREUNDSCHAFTEN IM 21. JAHRHUNDERT

Es kam wie ein Blitz aus heiterem Himmel: Ihr Kind hat Ihnen mitgeteilt, dass es ein neues Freundchen gefunden hat. Dabei haben Sie doch gedacht, dass es die Phase der imaginären Freunde schon lange durchgemacht hat. Nun fragen Sie verwirrt: "Wo hast du denn dein neues Freundchen kennengelernt?" Mit einem merkwürdigen Lächeln im Gesicht antwortet das Kind auf Ihre törichte Frage: "Naja im Internet, wo denn sonst?"
Plötzlich können Sie keinen Laut mehr von sich geben – die vielen unbeantworteten Fragen kommen wie von einer Welle getragen auf Sie zu: "Was für ein Kind ist das?", "Was für Webseiten besucht mein Kind eigentlich im Internet?", "Kann es sein, dass sich ein hinterhältiger Mensch als ein Jugendlicher ausgibt, um Informationen über meinen Jonas herauszufinden, um ihn in düstere Geschäfte zu verwickeln?"
Ihre Besorgnis ist jedenfalls nicht unbegründet – vielmehr ist es selbstverständlich, dass Sie sich Sorgen um

die fraglichen sozialen Kontakte Ihres Kindes machen, denn nichts ist mehr so sicher wie früher. Vor ein paar Jahren noch kannten Sie jeden Freund und jede Freundin persönlich, man hat sich mehrmals auf Kindergeburtstagen mit den Eltern getroffen und stand damals sogar im regelmäßigen Austausch mit ihnen – heute aber kommunizieren unsere Kinder vermehrt mit anonymen Gesichtern im digitalen Raum, wo jeder seine Identität frei gestalten darf.

Klar, das könnte man auch als einen Vorteil betrachten, da schüchterne Kinder im Internet sicherer auftreten und dadurch leichter Freundschaften schließen können. Somit treten aber soziale Bedürfnisse als wesentliche Entwicklungsmeilensteine weitgehend in den Hintergrund – und wenn dies passiert, wird die kognitive Entwicklung der Kinder bedeutsam beeinträchtigt. Denn: Durch soziales Lernen werden Kinder in die Gesellschaft integriert – sie nehmen andere Kinder als gespiegelte Versionen von sich selbst wahr und versuchen folglich, ihre eigenen Weltanschauungen und Handlungen an ihr unmittelbares Umfeld anzupassen. Kinder lernen viel mehr voneinander als von jedem Erzieher oder Pädagogen – deswegen müssen Eltern auch sicherstellen, dass ihre Kinder von klein auf gesunde Beziehungen zu ihren Altersgenossen aufbauen.

Als sich unser Leben aber vor ein paar Jahren komplett gewandelt und sich überwiegend ins Internet verlagert hat, ist auch die Sozialisierung von unseren Kindern komplizierter und sogar problematisch geworden. Denn tatsächlich lauern im Internet tausende von erwachsenen Menschen, die es mit unseren Kindern nicht gerade gut meinen. Deswegen müssen wir Eltern diesbezüglich gut informiert sein und immer ganz schön auf der Hut bleiben, wenn verdächtige Individuen übers Internet versuchen, mit unseren Kindern in Kontakt zu treten.

Verbringt Ihr Kind zu viel Zeit am Handy oder am Computer, so könnte dies ein Zeichen dafür sein, dass es im Internet mit anderen aktiv kommuniziert. Wenn Sie das festgestellt haben, können Sie versuchen, das Kind diskret anzusprechen und es bitten, Ihnen die Korrespondenz mit den betreffenden "Internet-Freunden" zu zeigen. Sollte das Kind dies nicht zulassen, können Sie entsprechende Maßnahmen unternehmen, um den Zugang zu seinen privaten Korrespondenzen insgeheim zu erlangen – um seiner eigenen Sicherheit willen!

Lesen Sie sich alles in Ruhe durch und versuchen Sie dabei, über folgende Fragen zu reflektieren: Verlangt das Gegenüber viel zu viele persönliche Informationen vom Kind? Verwendet der virtuelle Freund eine Sprache, die untypisch für gleichaltrige Kinder ist? Drängt er auf ein baldiges Treffen "im echten Leben"? Wenn ja: All dies kann man in der Regel als ein klares Anzeichen dafür betrachten, dass Ihr Kind möglicherweise auf einen Triebtäter im Internet gestoßen ist. Erklären Sie Ihrem Kind,

dass sein "Internet-Freund" eigentlich nicht sein Freund ist, sondern ihm was Böses antun möchte. Überzeugen Sie das Kind, dass es den Kontakt zu dieser Person abbrechen muss – wenn es aber darauf besteht, dass es sich zuerst mal selber versichern will, können Sie die Initiative ergreifen und ihm zeigen, worauf sein Gegenüber hinaus will (ohne zu weit zu gehen, damit das Kind nicht traumatisiert wird): Schreiben Sie dem Internetfreund vom Profil Ihres Kindes und stellen Sie dem Gegenüber Fragen wie "Wo magst du dich denn treffen?" und "Ist es in Ordnung, wenn ich meiner Mutter Bescheid sage, dass ich mich heute mit dir treffe?", die seine wahren Intentionen durchleuchten lassen würden.
Wenn sich Ihr Kind dann immer noch mit dieser Person treffen will, können Sie vorschlagen, das Kind auf dem Treffen zu begleiten – geben Sie für alle Fälle Ihren Standort am Handy für eine nahestehende Person frei und lassen Sie diese wissen, dass Sie sich mit einem Unbekannten treffen werden. Wenn sich am Ende herausstellt, dass Sie doch Recht hatten, wird das Kind lernen, auf den erfahrenen Rat von Erwachsenen zu hören und Ihre Beziehung wird weitere Verstärkung erhalten. So oder so: Lassen Sie sich von der Unüberschaubarkeit des digitalen Raumes nicht verwirren und unternehmen Sie alle notwendigen Maßnahmen, um sich selbst und Ihr Kind vor den lauernden Gefahren im Internet zu schützen!

Digitale Kompetenzen in jeder Altersstufe

Elternsein ist heutzutage schwieriger denn je – die moderne Welt ist komplizierter geworden und somit erfordert sie heute viel mehr von uns und unseren Kindern als früher. Mit dem Anbruch der neuen Zeit sind neue spezifische Bedürfnisse unserer Kinder dazugekommen, die wir als Eltern verpflichtet sind zu befriedigen.

Haben Sie schon mal gemerkt, wie schlau die Kinder von heute eigentlich sind? Was könnte Ihrer Meinung nach

der Grund dafür sein?
Kinder haben ein äußerst ausgeprägtes Bedürfnis nach Wissen und gerade da unsere Kinder ins Informationszeitalter hineingeboren wurden, stehen ihnen etliche Möglichkeiten für die Potenzialentfaltung zur Verfügung. Um dies auch verwirklichen zu können, müssen wir Eltern unseren Kindern erst mal eine feste Wissensgrundlage geben und sie somit auf die Dinge in der Welt vorbereiten, die sie ihr ganzes Leben lang begleiten werden.
So etwas, das für das Leben unserer Kinder unentbehrlich geworden ist, stellen etwa digitale Medien dar, die heutzutage in fast allen beruflichen (und nicht nur!) Alltagsstrukturen fest verankert sind – so könnte man sagen, der Umgang mit ihnen ist zu einem täglichen Ritual geworden.
Den sinnvollen Umgang mit ihnen müssen wir ihnen frühzeitig genug beibringen, damit wir sichergehen können, dass sie später im (Berufs)leben gut aufgestellt sind. Fähigkeiten und Kompetenzen müssen ständig erweitert werden, um mit der Schnelllebigkeit des 21. Jahrhunderts Schritt halten zu können. Was Sie Ihren Kindern in welchem Alter bereitstellen sollten, welches Lebensalter welche Potenzialentfaltungsmöglichkeiten mit sich bringt, welche praktischen Übungen zur Aneignung von digitalen Kompetenzen am passendsten sind – das und vieles mehr erfahren Sie im nächsten Kapitel dieses Ratgebers.

SÄUGLINGS- & KLEINKINDALTER (0 - 3)

In diesem und in den folgenden Kapiteln werden wir uns dem Entwicklungsmodell von Jean Piaget, dem schweizerischen Pionier auf dem Gebiet der Entwicklungspsychologie, zuwenden, um ein tieferes Verständnis für die einzelnen Phasen in der Entwicklung der logischen Strukturen menschlichen Denkens zu erlangen, an die dann die jeweiligen Kompetenzerweiterungsmöglichkeiten anknüpfen.

Fangen wir erst mal mit der ersten Stufe an – der Stufe der sensumotorischen Intelligenz (0 - 2 Jahre). Für diese Entwicklungsstufe sind Objektpermanenz, Nachahmungsverhalten und Symbolhandlungen charakteristisch. Mit Objektpermanenz ist das aktive Suchverhalten nach einem "versteckten" Objekt gemeint: Wenn kleinen Babys für sie interessante Objekte – sei dies ein Spielzeug, ein Kieselstein oder ein Kugelschreiber – gezeigt werden, verinnerlichen Kinder die physische Repräsentation von diesen und begreifen schließlich, dass diese auch dann präsent sind, wenn sie für sie nicht mehr sichtbar sind.

Erst ab dem sechsten und siebten Lebensmonat fangen Kinder an zu begreifen, dass bestimmte Objekte, unabhängig von der Wahrnehmung, weiterexistieren und entscheiden sich also dafür, sich auf die Suche nach dem unsichtbaren Gegenstand zu begeben – das stellt für Piaget einen ersten Meilenstein in der kognitiven Entwicklung dar. Das Phänomen des A-nicht-B-Fehlers ist in dieser Entwicklungsstufe ebenfalls festzustellen – es beschreibt die Wichtigkeit von Erfahrung für die kindliche Fähigkeit, Objekte (wieder)zuerkennen.

Ein Experiment, bei dem ein Spielzeug zuerst mal sichtbar auf den Tisch vor dem Kind gestellt wird, dann mit einem Tuch zugedeckt, auf die andere Tischseite gestellt und wieder zugedeckt wird, zeigt – Kleinkinder verfügen über die Fähigkeit, zwischen ihren motorischen Reaktionen und ihrer Wahrnehmung zu unterscheiden, (noch) nicht. Denn – als das Kind gefragt wurde, wo sich nun das Spielzeug befindet, zeigte es jedes Mal auf die ursprüngliche Stelle.

Ein ähnliches Experiment wurde vom Entwicklungspsychologen Gavin Bremner durchgeführt, bei dem er Kindern Gegenstände zeigte, die er kurzzeitig mithilfe eines Vorhangs verschwinden ließ, wobei er die Objekte von links nach rechts verstellte. Es hat sich herausgestellt, dass zwei Monate alte Kinder selbst bei einem kleineren Vorhang nicht feststellen konnten, es handelt sich um denselben Gegenstand.

Im Gegensatz dazu konnten vier Monate alte Kinder das Gezeigte wiedererkennen (ab vier Monaten können sie Gesichter besonders gut erkennen und erst nach dem vierten Lebensmonat entdecken sie, dass bestimmte

Handlungen zu einem Ergebnis führen bzw. die "Mittel-zum-Zweck-Logik"), mit sechs Monaten war dies sogar bei einem breiteren Vorhang möglich. Des Weiteren konnte der Frankfurter Psychologe Wolfgang Mack in einer Studie zum intuitiven Zahlenverständnis von Kleinkindern zum Schluss kommen, dass sieben Monate alte Kinder die Zahlen von eins bis vier voneinander unterscheiden können. Mit dem Begriff der Simultanerfassung wird etwa die Fähigkeit von Menschen bezeichnet, kleine Mengen (in diesem Fall: Niedrige Zahlen) zu erkennen, ohne sie zählen zu müssen.

Mit diesem Experiment konnte also bewiesen werden, dass das intuitive Erfassen von reellen Zahlen bis vier ein Teil der kindlichen Wahrnehmung darstellt, wohingegen das Abzählen darüber hinausgehender Zahlenmengen eine logische Fähigkeit ist, die erst mit der Zeit erlernt wird. Für dieses Alter ist außerdem die kurzzeitige Zurückentwicklung von bereits erworbenen Fähigkeiten typisch, um Neues besser aufnehmen zu können: So konnte Daniela Corbetta von der Universität Purdue in einem Versuch feststellen, dass Kinder im Alter von sieben bis acht Monaten nur mit einer Hand nach kleinen handhabbaren Objekten greifen, da sie gelernt haben, dass dafür keine zwei Hände notwendig sind.

Lernen sie später aber auch noch Laufen, kehren sie zur zweihändigen Methode zurück. Denn sie brauchen beide Hände, um die Balance herzustellen – gewinnen sie später bessere Kontrolle über die eigene Körpermotorik, fangen sie wieder an, nur mit einer Hand nach kleinen Gegenständen zu greifen. In dieser Entwicklungsphase sind weder Vorstellungsfähigkeit noch rationale Einsicht vorhanden – vielmehr wird das angeborene Verhaltensrepertoire geübt und an die umgebende Umwelt angepasst (etwa: Statt an der Mutterbrust lernen sie an einer Flasche zu saugen). Piaget selbst hat eine Untersuchung durchgeführt, indem er das Öffnen und Schließen einer Streichholzschachtel seiner Tochter vorgeführt hat – vor dem ersten Lebensjahr waren keine Reaktionen seitens des Kindes auf sein Handeln zu verzeichnen.

Ein halbes Jahr später hat es aber angefangen, seine Hand und später auch seinen Mund in Antwort darauf bzw. als symbolische Darstellung des Öffnens und Schließens der Schachtel langsam und systematisch zu öffnen und wieder zu schließen. In dieser Phase ist die sensumotorische (sensorisch-motorische) Entwicklung noch nicht abgeschlossen, denn sie kommt immer dann in den Vordergrund, wenn das Kind eine neue Fähigkeit erlernt – mit dem Unterschied, dass diese zu erlernende Fähigkeit später schon in der Vorstellung antizipiert wird (in diesem Sinne kann ein Übergang vom sensumotorischen Intelligenzakt zur Vorstellung werden). "Der Säugling ist Empfänger, nicht Sender von Botschaften. [Später] erscheint er nun als aktiv, differenziert und beziehungsfähig, als Wesen mit Fähigkeiten und Gefühlen, die weit über das hinausgehen, was die Psychoanalyse bis vor kurzem für möglich und wichtig gehalten hat", schreibt der deutsche Psychotherapeut Martin Dornes. In seinem bekannten Buch "Der kompetente Säugling: Die präverbale Entwicklung des Menschen" konnte er feststellen, dass die eigenen Phantasien der Eltern die frühere Interaktion mit ihrem Kind bestimmen. Eltern können mittels Mimik, Gestik und Körpersprache innere Konflikte unabsichtlich auf das Kind übertragen – schließlich entscheiden in erster Linie die erlebten Erfahrungen mit den Eltern darüber, ob das Kind psychisch gesund wird oder in der Folge erkrankt.

Da das Kind in dieser ersten Entwicklungsphase körperlich und mental immer noch nicht stabil genug ist, wird vom Einsatz von digitalen Medien in der Erziehung erst mal abgeraten. Um die basalen Fähigkeiten des Kindes wie die Fähigkeit der aktiven Wahrnehmung, des Sprechens, des Zählens so gut wie möglich zu entwickeln, könnte man bis zu 30 Minuten täglich dem Kind verschiedene Reize in Form von speziellen Babyvideos auf einem technischen Gerät präsentieren, damit es allmählich anfängt, in Kategorien zu denken – darauf bauen später alle wesentlichen Kompetenzen und Fertigkeiten auf. Ansonsten ist in diesem Lebensabschnitt empfehlenswert, dass das Kind mit verständlichen Objekten spielt und diese erkundet – zum Einstieg am besten mit kleinen, farbigen und kindersicheren Gegenständen wie

Plüschtieren, Bällen und illustrierten Kinderbüchern bzw. mit sogenannten Fühlbüchern. Nach der Stufe der sensumotorischen Intelligenz folgt die Stufe des symbolischen oder vorbegrifflichen Denkens – diese dauert vom zweiten bis zum vierten Lebensjahr. In dieser kann das Kind weitgehend selbstständig denken – eine Art verinnerlichtes Handeln. In seinem Denken geht es erfolgreich mit bekannten Vorstellungen und Symbolen – den sogenannten Vorbegriffen – um.

Außerdem wird dem Kind in diesem Alter die "qualitative Identität" von Objekten bewusst – es versteht zum Beispiel, dass Papier (egal ob als Blatt oder kleine zerknüllte Kugel) in allen Formen die gleiche Gegenstandsidentität besitzt. Dabei handelt es sich aber natürlich nur noch um eine prälogische Denkform – das Kind vermag zwar Objekte und Ereignisse durch Worte, Gesten und Vorstellungen zu repräsentieren und reale Gegenstände von ihren dazugehörigen Symbolen unterscheiden, jedoch befindet sich die Klassifizierung von der wahrgenommen Welt anhand von Sprache und geistigen Bildern immer noch in einem frühen Stadium der kognitiven Entwicklung. Kinder neigen in diesem Alter zu unangemessenen Generalisierungen verschiedener Art: Da Kinder noch nicht fähig sind, zwischen belebter und unbelebter Natur zu unterscheiden, werden unbelebte natürliche Objekte wie zum Beispiel die Wolken zur Gruppe der Lebewesen gezählt (dieses Phänomen beschreibt Piaget als eine Art animistische Deutung). Es existieren zwei weitere Arten von fehlerhaften Generalisierungen, die für dieses Alter typisch sind: Beim finalistischen Denken handelt es sich etwa um Assoziationen wie "Bäume sind da, um uns vor der Sonne zu schützen" oder "Steine dienen uns dazu, Häuser zu bauen" – Naturerscheinungen und ihr Zweck werden also unbedacht aufs menschliche Handeln bezogen. Häufig glauben Kinder, dass alles, was sie in der Welt als gegeben vorfinden, von Menschen geschaffen wurde.

Durch Konzepte des Machens, der Anfertigung oder der Herstellung deuten sie alles, was sich ihnen noch nicht so gänzlich erschließt – so denken sie etwa, dass starke Männer die Berge gemacht haben und dass sie früher kleiner waren und erst später groß geworden sind. In dieser Entwicklungsphase sind Kinder vom Egozentrismus geprägt, denn sie besitzen die Fähigkeit noch nicht, sich in die Lage anderer hineinzuversetzen oder die abweichenden Meinungen und Sichtweisen anderer als valide Möglichkeiten zu begreifen.

In diesem Alter wissen sie nicht, dass jeder Mensch seine eigene Art und Weise hat, Dinge zu verstehen – genau deswegen fehlt auch bei Kindern, die sich in dieser Entwicklungsperiode befinden, das Bedürfnis, ihre Worte und Ansichten zu argumentieren oder gar zu rechtfertigen. Erst nachdem sie die Kompetenz der Perspektivenübernahme erworben haben, kann der Egozentrismus in

der Kommunikation zu ihren Bezugspersonen überwunden werden – bis dann ist sie leider weitgehend zum Scheitern verurteilt. Und wie kommt es in der Realität zur Überwindung des kindlichen Egozentrismus?
Durch regen sozialen Austausch, in dem man auch mal auf Widerspruch stößt und in dem Ansichten durchgesetzt und ausgehandelt werden, wobei sie später mit nur fünf Jahren anfangen, sich mit einer bestimmten ethnischen Gruppe zu identifizieren, ihre Wertungen zu übernehmen und neue Erfahrungen entweder als Bedrohung oder als Bereicherung wahrzunehmen – und wenn etwas als Bedrohung angesehen wird, werden auch feindliche Einstellungen geformt, die ihnen zumeist von Erwachsenen auferlegt und in der Folge im noch unreifen Gehirn angehäuft werden (so sind etwa die sozialen Kategorien Nationalität und Religion besonders anfällig für Vorurteile, weil sie für viele Menschen als identitätsstiftend gelten).
Des Weiteren werden in dieser Entwicklungsphase folgende Merkmale bzw. Denkmuster als typisch erachtet: Zentrierung auf einen oder wenige Aspekte im voroperatorischen und moralischen Denken, fehlende Flexibilität des Denkens (schwierige Erfassung von optischen Dimensionen wegen vorübergehend unterentwickelter Informationsverarbeitungsstrukturen), Fokussierung des Denkens auf Zustände (somit werden Prozesse nicht ganzheitlich erfasst – hier fehlt eine wichtige Grundlage

für das korrekte Fällen von faktischen Urteilen) und die Unfähigkeit, sich widersprechende Aussagen als solche zu erkennen. Wie lässt sich in dieser Entwicklungsstufe also an bestimmte Kompetenzen feilen? Genauso wie in der vorausgegangenen Periode wird auch in der betreffenden davon abgeraten, dass Kleinkinder mehr als 30 Minuten pro Tag vor digitalen Geräten bzw. digitalen Medien verbringen.

Diese Faustregel gilt in jeder daraufkommenden Periode bis zum neunten Lebensjahr mit nachlassender Kraft – so ist es bis zum Beispiel in der Stufe des vorbegrifflichen Denkens (die im Kleinkindalter ansetzt und im Kindergartenalter fortgesetzt wird) akzeptabler, Kinder zu Kompetenzerweiterungszwecken mit digitalen Medien zu beschäftigen, als diesen Schritt schon in der Stufe der sensumotorischen Intelligenz (das heißt im Säuglingsalter) zu unternehmen. In diesem etwas reiferen Alter können Eltern ihren Kindern digitale Reize zur Weiterentwicklung des logischen Denkens in Form von spannenden Online-Spielen anbieten (auf Pinterest sind etwa zahlreiche kreative Ideen für Logikspiele zu finden, die man auch selber gestalten kann; sie müssen also nicht immer digital stattfinden – ganz im Gegenteil, auch in dieser Entwicklungsstufe ist es ratsam, überwiegend auf klassische bzw. analoge Kompetenzeignungsmethoden zu setzen).

Im Entwicklungsmodell von Jean Piaget folgt auf die Stufe des vorbegrifflichen Denkens im Kleinkindalter die Stufe des anschaulichen Denkens. Diese findet vom vierten bis zum siebten (bei manchen Kindern schon bis zum achten) Lebensjahr statt.

Ähnlich wie in der vorausgegangenen Periode befinden sich die allgemeinen Denkmuster des Kindes auch hier auf einem recht einfachen Niveau – zwar werden in diesem Lebensabschnitt wahrheitsgemäßere sprachliche Begriffe formuliert, dennoch bleibt das Denken immer noch weitgehend an die Anschauung des Kindes gebunden. In dieser Stufe kommt es zur Bereicherung des Wortschatzes, wobei die meisten Begriffe noch relativ vereinfacht und unreflektiert gebraucht werden. Die gleichzeitige Erfassung von der Beziehung zwischen Gegenständen und ihren verschiedenen Dimensionen wird außerdem durch die ungenügend entwickelten Hirnstrukturen erschwert – deswegen bleibt es in dieser Stufe zumeist lediglich bei der eindimensionalen Erfassung von wahrnehmungsgemäß herausragenden Merkmalen.

Diese Entwicklungsphase ist vor allem deshalb von Interesse, weil sie den Übergang vom voroperatorischen (fehlerhaften) zum operatorischen (weitgehend fehlerfreien) Denken einleitet. Im Vergleich zur vorherigen

Entwicklungsphase finden in dieser qualitative Veränderungen statt, wobei sich die im Gehirn abgespeicherten logischen Regeln allmählich stabilisieren. Die Klassen- und Kategorienbildung wird fortgesetzt – thematische Kriterien und Basiskategorien (die das Kind zur Vereinfachung seiner umgebenden Umwelt nach dem Ähnlichkeitsprinzip von Elementen bildet) werden verstärkt ausgebaut, was dem Kind dabei hilft, die Welt ein Stück besser zu begreifen und die Zweiwegkommunikation mit ihr kompakter zu gestalten. Man konnte außerdem anhand eines Versuchs beweisen, dass das Problem der Klasseninklusion, welches in der vorherigen Phase angesetzt hat, auch im aktuellen Entwicklungsstadium fortdauernd besteht.

Man hat Kindern im Alter zwischen drei und sechs Jahren ein Bild mit drei Rosen und acht Tulpen gezeigt und sie anschließend gefragt, ob auf dem Bild nun mehr Blumen oder mehr Tulpen zu sehen seien. Die Mehrheit der Kinder hat daraufhin geantwortet, dass es auf dem Bild mehr Tulpen gebe, weil die Rosen bzw. die Blumen weniger seien – mit "Blumen" meinen sie im Kontext des Versuchs natürlich "Rosen". Es hat sich also herausgestellt, dass drei- bis sechsjährigen Kindern zufolge manche Wörter (in diesem Fall: Das Wort Blumen) ihre ursprüngliche Bedeutung je nach Situation ändern können, um dem Verständnis für die gegebene Situation gerecht zu werden. Tatsächlich hat sich in diesem Alter noch kein passendes System der Klassenverschachtelung entwickelt, woraufhin die inklusive Beziehung von Unter- und Oberbegriffen nicht umfänglich genug erfasst werden kann.

Kinder wissen zwar, dass Tulpen und Rosen zwei grundsätzlich verschiedene Unterbegriffe vom Oberbegriff Blumen darstellen. Wird aber gleichzeitig nach dem Ober- und Unterbegriff im Sinne einer Differenzierung gefragt, so greifen die Hirnstrukturen, die für die Bildung von Ober- bzw. Unterkategorien sorgen, ineinander und das Kind verwechselt ihre jeweilige Bedeutung. Den vorhandenen Denkstrukturen fehlt es nämlich an geistlicher Reversibilität – Oberklassen werden zwar erfolgreich differenziert (unidirektionales Denken), aber die gleichzeitige Rückgängigmachung bzw. die Abstraktion vom Oberbegriff kann nicht gelingen, da die Unterklasse ("Tulpe") einmal gedanklich fixiert wurde und folglich nicht mehr zu Vergleichszwecken in die Oberklasse integriert werden kann. Die zweifellose Unterscheidung erfolgt erst dann unproblematisch, wenn die sogenannten konkret-operatorischen Strukturen (Bildung von Klassenhierarchien) im Gehirn ganzheitlich verarbeitet werden – dies passiert in der Regel in den kommenden Entwicklungsperioden.

Wie lässt sich also das Problem mit den unvollständigen Klassenhierarchien in der Stufe des anschaulichen Denkens beheben? Eine gute Möglichkeit dafür stellt das

Erlernen von Fremdsprachen dar. Generell gesprochen sollte man spätestens mit fünf Jahren anfangen, die Sprachfertigkeiten von Kindern in Fremdsprachen zu trainieren – je früher, desto besser. Digitale Bildungsprogramme, die sich für Kinder in diesem Alter gut eignen und auch unkompliziert von ihnen bedient werden können, sind etwa "My first 101 Words" und "Scoyo". Lassen Sie Ihr Kind die Programme unter Ihrer Beaufsichtigung selber erkunden – so lernt es spielerisch die Bedeutung von bekannten Wörtern in Fremdsprachen und ordnet Begriffe reibungslos in Ober- und Unterkategorien dank optimalisierter Visualisierung.

In diesem Alter muss das Kind außerdem allmählich damit anfangen, die Lesekompetenz zu erlernen. Dafür eignen sich digitale Apps wie zum Beispiel "Lesestart zum Lesenlernen" und "LiesMich", die speziell für Kinder herausgearbeitet wurden und mit faszinierenden Szenarien und netten Helden zum Spielen anregen.

KINDER ZWISCHEN SECHS UND ZEHN JAHREN

Im Entwicklungsmodell von Jean Piaget folgt die Stufe des konkret-operatorischen Denkens, die die kindliche Entwicklung vom siebten bis zum elften Lebensjahr umfasst. Während dieser Periode legen vorhandene gedankliche Operationen an Beweglichkeit zu, wobei sie weiterhin an wahrnehmungsgemäß erfahrbare Inhalte gebunden bleiben und folglich immer noch nicht völlig unabhängig von der umgebenden Umwelt verlaufen.

Im Gegenteil zu allen vorherigen Entwicklungsphasen können in dieser nun verschiedene Aspekte eines Gegenstands oder eines Vorgangs gleichzeitig und in entsprechender Beziehung zueinander erfasst werden. Das Kind vermag gedankliche Operationen mit konkreten Objekten und Vorstellungen durchzuführen. Es kann gedankliche Konzepte weitgehend erweitern, einteilen und voneinander unterscheiden – das Denken verfügt bereits über eine größere Reversibilität, womit das Rückgängigmachen von konkreten kognitiven Operationen ermöglicht wird.

In diesem Entwicklungsstadium fängt das kindliche Denken an, ein relativ stabiles Gleichgewicht herzustellen. Gleichzeitig findet eine Beschränkung der Denkvorgänge aufs Faktisch-Reelle statt. Nichtsdestotrotz entwickelt sich das Fantasievermögen der Kinder in diesem Alter mit vollem Tempo, das kognitive Schemata den kindlichen Wunschvorstellungen oftmals unterordnen und somit bewusst manipulieren lässt.

Die Schwierigkeiten, denen Kinder in den vorhergehenden Entwicklungsphasen begegnet sind, werden in der aktuellen Phase nun durch die neu entwickelten komplexeren Operationssysteme im Gehirn aufgelöst, die später in der darauffolgenden formal-operatorischen Phase durch wesentlich anspruchsvollere Strukturen ergänzt (und nicht etwa ersetzt) werden. In diesem Entwicklungsstadium sind Kinder fähig, die verhältnismäßige Ordnung nach kombinierten Merkmalen (zum Beispiel nach Länge und Größe) vorzunehmen.

Zu dieser Erkenntnis ist Piaget gekommen, nachdem er Schulkindern die Aufgabe gestellt hat, die Größenverhältnisse dreier unterschiedlich langer Stäbe richtig zu benennen – dafür mussten sie über die Kenntnis der Transitivität ("wenn x ≥ y und y ≥ z, dann auch x ≥ z") verfügen. Zunächst wurde den Kindern der größere Stab A neben dem kleineren Stab B präsentiert, danach der größere Stab B neben dem kleineren Stab C. Welcher ist nun der größte Stab von allen? Da diese Aufgabe außerdem auf die Kenntnis der Inklusionsbeziehung von verschiedenen Merkmalen aufbaut (über die Kinder in diesem Altern bereits verfügen), ist die Lösung solch logischer Probleme für Schulkinder über sieben Jahre in der Regel unproblematisch.

In dieser Entwicklungsphase verlassen sich Kinder nicht mehr so viel auf ihre subjektive Wahrnehmung, sondern vielmehr auf das logische Denkvermögen, das ihnen nur zur Verfügung steht. In einem anderen Experiment werden Kindern zwei Reihen mit einer gleichen Anzahl an Jetons präsentiert, wobei sie gefragt werden, welche der zwei Reihen nun mehr Jetons enthält. In der ersten Reihe wurden die Jetons dicht aneinander gelegt, in der zweiten wurden sie in die Länge gezogen. Jüngere Kinder behaupteten, dass die jeweilige Reihe mehr Jetons enthalte, weil sie länger sei oder dass in ihr weniger Jetons waren, weil die Lücken zwischen den einzelnen Gegenständen größer waren.

Ein fünfjähriges Kind kann zum Beispiel die Jetons in beiden Reihen abzählen und trotzdem nicht zur Einsicht gelangen, dass die Reihen trotz der Veränderung in der Anordnung mengenmäßig gleich geblieben sind – seine Wahrnehmung täuscht ein ungleiches Verhältnis vor, weil die einzelnen Jetons infolgedessen nicht als gleichwertige Einheiten behandelt werden können (mentale Leistung, die aus der Fähigkeit zur Klassenbildung hervorgeht) und weil es noch nicht über die Kenntnis der asymmetrischen Relationsbildung ($a < b < c$) verfügt.

Wie Sie bereits erfahren konnten, sind Kinder im Schulalter mit relativ komplexen Denkoperationen ausgestattet und folglich weitgehend in der Lage, logische Aufgaben zu lösen. Ungefähr zu dieser Zeit werden sie auch mit anspruchsvolleren digitalen Technologien wie Computern und zellularen Telefon-Systemen vertraut gemacht, wobei sie erste Erfahrungen mit diesen sammeln. Folglich befinden sie sich kurzzeitig auf einem bestimmten Wissensniveau, besitzen aber auch das Potenzial, ihre Kenntnisse und digitalen Kompetenzen mit der Unterstützung von Erwachsenen in einem späteren Stadium ihrer Entwicklung zu erweitern.

Das Konzept des Lernens als eine Art Fortbewegung von einem aktuellen hin zu einem möglichen und erstrebten Zustand beschreibt der sowjetische Psychologe Lew Wygotski in seiner Theorie über die Zone der proximalen Entwicklung. Für ihn stellt die Zone der nächstmöglichen Entwicklung die Distanz zwischen dem aktuellen Entwicklungsniveau des Kindes und der höheren Ebene der potentiellen Entwicklung dar: "Die Zone der proximalen Entwicklung definiert jene Funktionen, die zwar noch nicht herangereift sind, sich aber im Prozess der Reifung befinden, Funktionen, die morgen heranreifen werden, sich gegenwärtig aber noch in einem embryonalen Stadium befinden. Man könnte diese Funktionen eher als "Knospen" oder "Blüten" der Entwicklung bezeichnen – im Gegensatz zu ihren "Früchten".

Somit liegt der Fokus eher auf dem Entwicklungsvorgang als auf den Ergebnissen davon. Wichtig sind dabei die Rollen der unmittelbaren Bezugspersonen und die Handlungsmotivation vom Kind selbst, denn nur mit ihrer Hilfe kann der Prozess der Kompetenzaneignung erfolgreich abgeschlossen und eine höhere Stufe in der Entwicklung erreicht werden – dies gelingt nur durch Hinweise und Erklärungen seitens des "Lehrers", der den Wissenshintergrund des Kindes nachvollziehen kann, dem Kind dabei hilft, auf seine bereits vorhandenen Kompetenzen aufzubauen und seine Aufmerksamkeit stets aufs Wesentliche lenkt, damit das gemeinsame Ziel am Ende erreicht werden kann. In seiner Theorie der proximalen Entwicklung nimmt auch der Akt des Spielens eine wichtige Rolle fürs Lernen ein: Das Spielen bietet dem Kind zusätzliches Wachstumspotenzial, da sich das Kind spielerisch in „unrealistischen" Situationen üben und dabei „einen Kopf größer sein" kann.

Die theoretischen Erkenntnisse Wygotskis berücksichtigend, kann man in dieser Entwicklungsstufe folgende Empfehlungen für die Erweiterung von digitalen Kompetenzen formulieren: Um die allgemeine digitale Kompetenz des Kindes zu fördern, muss man da ansetzen, wo seine Kenntnisse an eine Grenze stoßen.

Hierfür bieten sich unterhaltsame Aktivitäten wie die Bearbeitung von Fotos (gewährt einfache und anschauliche Einsicht in die vielfältigen Falsifizierungstechniken bei digitalen Inhalten und fördert somit den kritischen Umgang mit Medien), die gemeinsame Erkundung von der faszinierenden Welt des Internets mithilfe von einer sicheren und kindgerechten Suchmaschine wie "Blinde Kuh" oder "fragFinn" (Kennenlernen von basalen Suchmaschinenfunktionen) oder auch das Erlernen von Programmierlogiken anhand spannender Online-Tools wie "Alice" und "KTurtle" (spielerisch-anspruchsvolle statt analog-komplizierte Aneignung von Programmiergrundlagen).

VORPUBERTÄT

Die letzte Stufe im Entwicklungsmodell von Jean Piaget stellt die Stufe des formalen Denkens dar. Sie setzt ab dem elften Lebensjahr an und geht mit einer Sinnesumkehrung zwischen dem Wirklichen und dem Möglichen einher.

In dieser Entwicklungsstufe hat das Kind das endgültige Niveau des hypothetisch-deduktiven Denkens erreicht, womit komplexere abstrakte (und nicht mehr nur konkret vorstellbare) Denkoperationen durchgeführt werden können und das logische Denken auf einen Höchststand gestiegen ist. Kinder in diesem Alter stützen sich bei der Durchführung von Denkoperationen nicht mehr auf Gegenstände der subjektiven Wahrnehmung, sondern überwiegend auf internalisierte verbale und symbolische Faktoren.

In diesem Entwicklungsstadium stellt die Reversibilität von Denkoperationen für Kinder keine Schwierigkeit mehr dar – vielmehr ist sie dann als abstrakte Gegebenheit im kindlichen Denken zu betrachten. Nun sind Kinder in der Lage, ihre eigenen Argumentationen und Logiken zu durchdenken. In diesem Alter können Kinder weitgehend objektiv sowohl über die inhaltliche Richtigkeit von Aussagen als auch über ihren Wahrheitsgehalt urteilen – das kritische Denken befindet sich also schon auf einer ziemlich hohen Stufe und damit wird eine wichtige Voraussetzung für die Erwerbung der Kritikkompetenz geschaffen.

Kinder besitzen ab jetzt die Fähigkeit, über vorgefundene oder gar vorgegebene Konzepte hinaus zu denken, ihr Denkhorizont hat sich wesentlich erweitert. In dieser Phase ist es nun möglich, unter Einbezug von möglichen unterschwelligen Interpretationen (nach denen aktiv gesucht wird) und abseits aktuell gegebener Informationen zu schlussfolgern und über Tatbestände zu urteilen. Ein mit Kindern verschiedenen Alters durchgeführtes Pendelexperiment lässt das Wesen des formal-operatorischen Denkens anschaulich darstellen. Den Kindern werden zwei unterschiedliche Pendel gezeigt – ein kurzes, schweres Pendel, das rasch schwingt und ein langes, leichtes Pendel, das langsam schwingt. Danach werden sie gefragt, von welchem Faktor die Geschwindigkeit des Pendels nun abhängt – vom Gewicht oder von der Länge. Kinder in der voroperationalen Phase antworteten etwa, dass ein kurzes oder eben ein schweres Pendel schneller schwinge, da sie in dieser Entwicklungsstufe zwei Dimensionen eines Gegenstandes noch nicht gleichzeitig erfassen können – in ihrer Antwort orientierten sie sich jeweils nur noch auf das momentan Erfahrbare.

Kinder, die sich in der konkret-operationalen Phase befinden, sind bereits in der Lage, beide Merkmale zu kombinieren und werden so zum empirisch beobachtbaren Schluss kommen, dass ein kurzes und schweres Pendel schneller schwingt. Damit erbringen sie die kognitive Leistung der logischen Konjunktion zweier Merkmale, kommen aber nicht zur richtigen Lösung der Aufgabe, da in diesem Fall das Gewicht des Pendels nicht relevant ist. Ältere Kinder, die nun in der formal-operationalen Phase stecken, abstrahieren erst mal aus den zwei beobachteten Fällen und begreifen zugleich, dass dies nur zwei von vier möglichen Kombinationen der Merkmale Gewicht und Länge sind und denken auch noch über die Ergebnisse nach, die aus den zwei restlichen Fällen empirisch hervorgehen könnten. Ihre Schlussfolgerungen basieren also auf der systematischen Kombination von voneinander isolierten Variablen (4-Felder-Tafel-Methode), der kognitiven Hypothesenableitung und -prüfung. In keiner anderen Entwicklungsphase konnten Kinder von Beobachtungen und Aussagen absehen, um mögliche Einflussvariablen selber feststellen und daraus ein System möglicher Ausprägungskombinationen erstellen zu können – das sind alles zentrale Merkmale des formal-operatorischen Denkens.

Ein anderes wichtiges Merkmal der kognitiven Entwicklung in dieser Entwicklungsphase – das proportionale Denkmuster – wird anhand eines anderen Experiments beschrieben. In diesem hat Piaget Kindern verschiedenen Alters zwei leere Gefäße gezeigt, in denen nun einige Becher mit Flüssigkeiten (Wasser und Orangensaft) gegossen werden. Die Kinder können die Becher auf jeder

Seite der beiden Gefäße zählen, sie dürfen aber nicht die Becher in die Gefäße einfüllen und die Mischungen probieren. Man fragt danach, welche Mischung nun stärker nach Orangensaft schmecken würde. Dabei wurden folgende Lösungsstrategien beobachtet: Drei- bis viereinhalbjährige Kinder konzentrierten sich vor allem auf isolierte Fälle – zum Beispiel darauf, ob ein Becher Saft dabei ist oder nicht –, ein Vergleich zwischen verschiedenen Becherinhalten findet also nicht statt, stattdessen wird jeder Becher für sich inspiziert.

Bei viereinhalb- bis sechsjährigen Kindern konnte der eindimensionale Vergleich zum Einsatz kommen. Mit einer vergleichenden Strategie konnten sie nicht nur feststellen, ob ein Becher mit Saft anwesend war, sondern auch die Anzahl der Saftbecher registrieren (Abwendung von der absoluten Strategie der kleineren Kinder). Damit konnten sie zum Schluss kommen, dass das Gefäß, in welches mehr Saftbecher gegossen wurde, mehr nach Orangensaft schmecken würde. Sieben- bis achtjährige Kinder konnten einen komplexeren zweidimensionalen Vergleich durchführen: Hier wurde auch die Anzahl der Wasserbecher miteinbezogen. Sie antworteten ebenfalls mehrheitlich, dass das Gefäß, in dem die Anzahl der Saftbecher überwiegt, eher nach Orangensaft schmecken würde. Wenn aber in beiden Gefäßen mehr Wasser- bzw. Saftbecher eingefüllt worden waren, sorgte dies bei der Gruppe der Sieben- bis Achtjährigen für Verwirrung und somit konnten sie auch nicht zur richtigen Antwort kommen.

Die Gruppe der neun- bis zehnjährigen Kinder konnte erfolgreich auf den zweidimensionalen Vergleich aufbauen und die mentale Operation der Quantifizierung durchführen. Sie waren nicht nur in der Lage, die relative Anzahl der Saft- und Wasserbecher festzustellen, sondern sie waren auch noch fähig, Proportionen aufzuzeigen. In einem anspruchsvolleren chemischen Versuch wurden Kindern vier gleiche Fläschchen (entsprechend gelöste Schwefelsäure, Wasser, Wasserstoffsuperoxyd, Thiosulfat) mit optisch voneinander ununterscheidbaren Flüssigkeiten und dazu noch ein Gefäß mit Kaliumjodid vorgelegt. Bei Vermischung der ersten und dritten Flüssigkeit (inklusive ein paar Tropfen Kaliumjodid) wird eine gelbe Verfärbung erzielt. Beim Hinzufügen der zweiten Flüssigkeit ändert sich an der Farbe nichts, beim Zugießen der vierten hingegen verschwindet die gelbe Farbe. Dann wurde den Kindern Folgendes demonstriert: Der Versuchsleiter zeigte den Kindern zwei Gläschen, die scheinbar dieselbe Flüssigkeit enthielten, und addierte in die beiden Eprouvetten ein paar Tropfen Kaliumjodid. Die erste Flüssigkeit (Mischung aus gelöster Schwefelsäure und Wasserstoffsuperoxyd) verfärbte sich daraufhin gelb, während die zweite (in der nur Wasser enthalten war) farblos blieb. Den Kindern wurden die vier Fläschchen und das Gefäß mit Kaliumjodid zur

Verfügung gestellt und sie wurden gebeten, den Versuch selber zu wiederholen bzw. die richtige chemische Kombination wiederherzustellen. Schon die sieben- bis zehnjährigen Kinder gingen dabei systematisch vor – sie mischten Kaliumjodid mit den einzelnen Flüssigkeiten oder sie versuchten, auch alle Flüssigkeiten zusammenzuschütten. Der spezifische Farbeffekt kann aber nur durch die Vermischung der zwei Flüssigkeiten und das Addieren von Kaliumjodid erzielt werden, wobei Wasser und Thiosulfat gar nicht zum Einsatz kommen dürfen.

Ganz schön schwierig, oder? Nach ein paar anfänglichen Fehlversuchen wurde von der Gruppe der Kinder ab zehn Jahren die Variablenkontrolle erfolgreich durchgeführt – sie haben alle möglichen Kombinationen erprobt und sind somit zum richtigen Ergebnis gekommen. Aus beiden Experimenten wird also ersichtlich, dass in jedem Alter eine modifizierte und leistungsfähigere Version der bisher vorhandenen mentalen Strukturen bereitgestellt wird.

Mit fortschreitendem Alter werden Kinder befähigt, komplexere Probleme zu lösen, da es nun mehrere Problemdimensionen in Betracht ziehen kann. Laut Piaget besteht die geistige bzw. kognitive Entwicklung in der Erreichung eines bestimmten Grades an Reversibilität und Beweglichkeit im Denken (das sogenannte hypothetisch-deduktive Denken, das das geschlossene Gesamtsystem der Denkstrukturentwicklung abrundet). In der formal-

operationalen Phase haben Kinder also bereits das Entwicklungsoptimum der Denkstrukturen erreicht, womit das systematische Vorgehen bei der Problemlösung möglich wird. In diesem Alter weisen Kinder ein ausgesprochenes Interesse für abstrakte und theoretische Fragen auf, was als eine Chance begriffen werden kann, Kindern die Grundlagen von digitaler Kommunikation beizubringen. Diese Entwicklungsphase eignet sich also gut für die Entfaltung der Schreibkompetenz, die der Kommunikation im Internet zugrunde liegt.
Für diesen Zweck finden Sie etwa auf Google Images tausende kreative Schreibanlässe bzw. -impulse ("writing prompts") – sie helfen dem Kind dabei, sich selbst, seine Gefühle und Wünsche besser zu artikulieren und somit sicherer beim Sprechen aufzutreten. In diesem Alter können Sie damit anfangen, dem Kind die Mittel der computervermittelten Kommunikation (Werbung, Marketing, digitale Sprache) beizubringen und das Kind für das Thema Cyber Mobbing zu sensibilisieren. Außerdem ist es ratsam, die Verbesserung des Textverständnisses und die Lesemotivation in dieser Entwicklungsstufe verstärkt zu fördern – all dies kann ernsthafte Kommunikationsprobleme (wie z.B. Schulkonflikte und Cyber Mobbing) in späteren Entwicklungsstadien verhindern. Zeigt das Kind ein aufrichtiges Interesse fürs kreative Schreiben, können Sie ihm die Erstellung eines eigenen Blogs oder einer themenbezogenen Webseite nahelegen.

JUGENDZEIT UND PUBERTÄT

Die Entwicklungsphase der Pubertät gilt für viele Kinder und ihre Eltern als besonders problematisch. Auf einmal werden Kinder leicht reizbar, schwer ansprechbar und manchmal sogar weitgehend unerreichbar. Dafür haben sie aber einen Grund – das Pubertätsalter ist ein Suchprozess, in dem sich Kinder aktiv mit Identitätsfragen beschäftigen: Wer bin ich? Wie wirke ich auf andere? Was macht mich anders? Was wird später aus mir?

Diese und viele andere Fragen rauben ihnen den Schlaf. Um die passenden Antworten darauf zu finden, müssen sie in diesem hoch problematischen Alter die konkreten logischen Denkstrukturen zugunsten eines abstrakteren Denkmusters aufgeben. Man muss alles selber ausprobieren und mehrmals testen, um die Wirkung der eigenen Handlungen praktisch feststellen zu können – erst wenn man die Phase des Probehandelns durchgemacht hat, kann man an die Ausprägung eines selbstbewussten, verantwortlichen und eigenständigen Selbstbildes gelangen.

Im Pubertätsalter setzt der Prozess der Hormonbildung an, der die bisher fest gefügten neuronalen Netzwerke der Gehirnzellen lösen und zu neuen Strukturen erweitern lässt. Somit entstehen im Gehirn neue Denkstrukturen wie etwa Abstraktion, Logik und Einfühlungsvermögen. Im Alter ab zwölf Jahren wird außerdem typisch, dass Jugendliche häufig genervt sind und ihre Emotionen nur schwer beherrschen können – der Grund dafür ist der langsame Aufbau der Schutzschicht um die Nervenfasern der Gehirnzellen. Im Lebensabschnitt zwischen zehn und zwölf Jahren wachsen die Gehirnteile, die hauptsächlich mit Planung und Selbstkontrolle befasst sind, wesentlich an.

Nicht selten kommt es zu einer Wahrnehmungsverschiebung, weil die schon im Kindesalter ausgereiften, für Sinneswahrnehmungen und Bewegungen zuständigen Teile des Großhirns Raum für das Wachstum anderer Hirnteile schaffen müssen. Diese Wahrnehmungsverschiebung sorgt häufig für Konflikte zwischen Eltern und ihren Kindern.

Bei der Wandlung des logisch konkreten Denkens in logisch abstrakte Denkmuster kommt es auch zu wesentlichen Veränderungen in der Vorstellung, in den Gedächtnisleistungen und im Sprachverhalten. Das Lernen und der regelmäßige Schlafrhythmus kommen häufig zu kurz, was nicht selten zum "Scheitern" in mehreren Lebensbereichen führt. Scheitern gehört aber zum Entwicklungsprozess dazu, weil dadurch verschiedene kreative Bewältigungsmechanismen und Problemlösungsstrategien zum Vorschein kommen, die den Reifungsprozess nach vorne treiben. Besonders in der Pubertät brauchen Jugendliche die starke emotionale Unterstützung ihrer Eltern, die für sie als eine Art Vorbilder dienen und ihnen bei der Überwindung der Identitätskrise helfen sollen. In diesem Alter treten also vor allem verbindende Erfahrungen zwischen Eltern und Kind in den Vordergrund, während digitale Kompetenzen eher auf sich warten lassen. Trotzdem lassen sich beide natürlich vereinen.

In dieser Altersstufe sind etwa gemeinsame Aktivitäten wie das Spielen von strategischen Spielen, das gemeinsame Musizieren bzw. Komponieren oder eben auch das mediengestützte Meditieren. Auf die Phase der Pubertät folgt die Jugendzeit – der Übergangszeitraum zwischen Kindes- und Erwachsenenleben. Entgegen der landläufigen Meinung ist die Hirnentwicklung in der Adoleszenz (18 - 22 Jahre) immer noch nicht abgeschlossen. In diesem Alter werden emotionale Prozesse besser reguliert, das vorausplanende Denken entwickelt sich mit vollem Tempo, der Unabhängigkeitsdrang wird teilweise gehemmt ... In der Adoleszenz erreicht das Gehirn ein großes Potenzial – in den Gehirnarealen, die für Kreativität, Erfindungsreichtum, Sport und Musikalität zuständig sind, werden Nervenbindungen erst später reduziert. Der Schlaf-Wach-Rhythmus verändert sich und es kann zu einem (kontrollierbaren) chronischen Schlafmangel kommen – dafür werden vermehrt hohe kognitive Leistungen wie verbesserte Aufmerksamkeit, effektivere Gedächtnisstrategien, schnellere Informationsverarbeitung und verbesserte Selbstregulation erbracht.

Planungs-, Beaufsichtigungs- und Bewertungsmechanismen, die das Denken und Lernen steuern, werden in diesem Lebensabschnitt perfektioniert. Leider geht der Reifungsprozess in der Jugendzeit häufig mit den sogenannten Adoleszenzkrisen einher. Diese beschreibt Vera King, Professorin für Soziologie und Sozialpsychologie an der Goethe-Universität Frankfurt, folgenderweise: "Allgemein sind Krisen Situationen, in denen je nach Ressourcen und Umständen entweder Neues entstehen kann oder aber in denen das Alte sich mit besonderer Mächtigkeit in ein von der Krise erschüttertes und labilisiertes System einschreiben kann.

Entsprechend ist auch die Adoleszenzkrise potenziell Quelle von Neuem, wie sie Medium der nachhaltigen Reproduktion des Alten sein kann". Sie können also durchaus als eine Chance begriffen werden, alte Denkmuster durch neue, zeitgemäßere solche zu ersetzen. Daran kann die Aneignung von digitalen Kompetenzen gut anknüpfen: So steht dem Individuum in dieser Entwicklungsphase genügend Zeit zur Verfügung, um alles Versäumte nachzuholen.

Es ist also nie zu spät dafür, sich selbst den Umgang mit den neuesten Technologien und digitalen Medien beizubringen. Eltern können hier ebenfalls eingreifen, indem sie etwa die Rahmenbedingungen dafür schaffen (weil Jugendliche in diesem Alter schon weitgehend selbstständig sind und alles andere auch selber erledigen können) – sie können die Initiative für ihre Kinder ergreifen oder sie auch noch finanziell dabei unterstützen. In dieser Entwicklungsphase hängt der Ausbau von Bewältigungsmechanismen bzw. das Erlernen von digitalen Kompetenzen vor allem vom Jugendlichen selbst ab – der Einfluss der Eltern gilt zu diesem Zeitpunkt als halbwegs eingeschränkt. Doch spricht nichts dagegen, das Kind so gut wie es geht und so viel wie möglich emotional, mental und (nicht an letzter Stelle) auch materiell zu unterstützen.

Durch Krisen und Konflikte hindurch

Krisen und Konflikte sind natürliche Begleiter der Kindererziehung. Wie Sie bereits erfahren konnten, sind Kinder vor allem im Pubertäts- und Jugendalter für Konfliktsituationen anfällig. Im digitalen Zeitalter wird dieses Problem noch akuter, da der übermäßige Medienkonsum, zu dem Kinder und Jugendliche in diesem höchst problematischen Lebensabschnitt vermehrt tendieren, zur Entwicklung von medialer Sucht, Konzentrations-, Beziehungs- und Essstörungen, auffälliger Verhaltensänderung, Identitätskrisen und vielen anderen medienbezogenen Problemen führen könnte.

Medienkonsum ist aber zum festen Bestandteil des Alltags unserer Kinder geworden – ihnen den Zugang zur digitalen Welt zu verweigern, ist also weder hilfreich noch sinnvoll. Das Einzige, was man dadurch bewirken könnte, ist eine Vertiefung der Krise und die weitgehende Isolation des Kindes von seiner natürlichen Umgebung.

Zu solchen endgültigen Fehlentscheidungen gelangen wir Eltern in der Regel dann, weil wir manche Veränderungen im Verhalten unserer Kinder nicht objektiv wahrnehmen können. Dafür gibt es mehrere Gründe: Einerseits erleben wir die Kinder ausschließlich aus unserer subjektiven Elternsicht, andererseits fehlen uns häufig fachliche Kenntnisse und Bewertungsgrundlagen, um einen Wandel im Verhalten unserer Kinder feststellen oder auch nur ihr Verhalten als "normal" oder "auffällig" bezeichnen zu können. Außerdem haben wir so gut wie keine Einsicht in ihr Leben außerhalb der eigenen vier Wände – wir erleben sie nicht regelmäßig genug in einer festen Gruppe Gleichaltriger. Durch den täglichen Kontakt mit den Kindern bleiben wir aber auf dem Laufenden, was ihre geistige und emotionale Entwicklung angeht.

Wenn wir jedoch keine besonderen Anstrengungen unternehmen, um gesunde Beziehungen zu unseren Kindern zu pflegen, so wird es mit der Zeit möglich, dass sie sich völlig zurückziehen und sogar aggressiv werden, wenn wir versuchen, sich ihnen anzunähern oder sie hinsichtlich ihrer Probleme ansprechen. Um all dies vorbeugen zu können, müssen wir Eltern das Verhalten und die Entwicklung unserer Kinder ständig im Auge behalten und gleich Gegenmaßnahmen ergreifen, sobald wir erste Anzeichen eines fragwürdigen Verhaltenswandels erkannt haben. Im darauffolgenden Kapitel werden Ihnen praktische Szenarien, konkrete Tipps und einschlägige Strategien für die Bekämpfung der häufigsten medienbezogenen Probleme von Kindern und Jugendlichen vorgestellt.

MEDIENSUCHT ERKENNEN & RICHTIG REAGIEREN

Es fühlt sich so an, als könnte der kleine Finn keinen einzigen Tag ohne sein geliebtes Handy verbringen.

Handy-, Tablet- und Laptopnutzung sind nun zum unausweichlichen Teil des täglichen Kinderrepertoires geworden. Hinzu kommen noch die "obligatorischen" zwei Stunden Fernsehen und drei Stunden Zocken auf der Xbox-Konsole. Für normale kindliche Aktivitäten verbleibt kaum Zeit (geschweige denn für lästige Alltagsdinge wie Lernen oder Sport).

Der Tag fängt früh am Morgen vor dem Fernseher an und endet mit dem Handy im Bett, kurz vorm Einschlafen.

Erkennen Sie im oben gezeichneten Bild Ihr eigenes Kind

wieder? Achtung: Es könnte sich dabei um Mediensucht handeln! Heutzutage sind ungefähr 3 Prozent der Jungen bzw. 0,3 Prozent der Mädchen im Jugendalter von Mediensucht betroffen – hält die Krankheit etwas länger an, kann dies verheerende Folgen für die ganzheitliche Kinderentwicklung mit sich bringen.

Was heißt aber Mediensucht konkret und was sind mögliche Gründe für die Erkrankung? Im Allgemeinen kann man von einer Mediensucht dann sprechen, wenn die Kontrolle über die eigene Mediennutzung außer Kontrolle gerät. Es handelt sich dabei um eine nicht stoffgebundene Verhaltenssucht, zu der außerdem die Computerspiel- und Internetabhängigkeit gezählt werden können. In diesem Sinne ist dies keine eigenständige Krankheit – im Gegenteil verläuft sie häufig parallel mit anderen Suchterkrankungen wie Zucker- und Junkfoodsucht.

Warum sind aber so viele Jugendliche heutzutage für die Entwicklung von Mediensucht anfällig? Ganz einfach: Weil sie in der digitalen Welt Flucht vor den Problemen in der realen Welt suchen. In diesem digitalen Lebensraum bauen sie dann ein zweites Leben mit anderen auf. Der spielerische Lebensmodus im Internet erfüllt das kindliche Bedürfnis nach Herausforderung, wobei Glückshormone massenhaft freigesetzt werden. Außerdem ist es für viele Jugendliche leichter, Freundschaften auf sozialen Netzwerken zu schließen. Nur weil ein Kind intensiv Onlinespiele spielt, heißt das noch lange nicht, dass es eine Mediensucht entwickelt hat. Folgende Verhaltensmuster deuten aber eindeutig darauf hin:

- Der/die Jugendliche verbringt den größten Teil seiner/ihrer Zeit mit digitalen Medien; ihm/ihr fällt es schwer, den eigenen Medienkonsum zu reduzieren (obwohl ihm/ihr die schädlichen Folgen von übermäßigem digitalen Konsum bewusst sind)
- Man beschäftigt sich zunehmend auch mental mit dem betreffenden Medium und die Nutzungszeiten werden mit der Zeit immer länger
- Reale soziale Beziehungen werden größtenteils vernachlässigt
- Man versucht, das tatsächliche Ausmaß der Mediennutzung entweder herunterzuspielen oder aber vollständig zu verheimlichen – beim Entzug von Mediennutzung gerät man dann typischerweise schnell in unangenehme körperliche oder emotionale Zustände.

Treffen die meisten davon auf Ihr Kind zu, so sollten Sie dringend Gegenmaßnahmen ergreifen. Wenn Sie dies nicht tun, riskieren Sie, dass Ihr Kind bald darauf mit folgenden schädlichen Konsequenzen der Mediensucht zu kämpfen hat: Depressionen, Angststörungen, sozialen Phobien, Schlafproblemen, Rücken- und Kopfschmerzen, verschlechterten Schulleistungen, Essstörungen aufgrund eines völlig unrealistisch gewordenen Körperbildes und möglicherweise gewalttätigem Verhalten bei erhöhtem Konsum von unangemessenen digitalen Spielinhalten (trotz anderer positiver Auswirkungen auf räumliches Denken und Problemlösungskompetenz).

Was können wir also als Eltern dagegen unternehmen, damit es nicht soweit kommt? Als Erstes ist wichtig, dass wir die Kinder gleich diesbezüglich ansprechen und über die vielen schlimmen Folgen aufklären (ohne sie unnötig abzuschrecken und zu entmutigen). Als Elternteil dürfen Sie eingreifen und den Konsum auch entgegen der Wünsche des Kindes beschränken – lassen Sie es wissen, dass Sie das zu seinem eigenen Wohlergehen machen und dass es später dankbar dafür sein wird. Schlagen Sie dem Kind sinnvollere Beschäftigungen vor und verbringen Sie mehr Zeit zusammen – so können Sie mit gutem Beispiel vorangehen und ihm anschaulich zeigen, dass es viele andere Dinge im Leben gibt, die sogar mehr Spaß als virtuelle Spiele machen.

Setzen Sie am Anfang auf klare und konsequente Regeln und versprechen Sie, diese wieder zu entschärfen, sobald positive Veränderungen im Verhalten des Kindes zu beobachten sind. Sollten Sie im Prozess der Suchtbekämpfung auf Schwierigkeiten stoßen oder sind entsprechende Ergebnisse nicht eindeutig zu sehen, so können Sie zu jeder Zeit die professionelle Hilfe von lokalen Kinder- und Jugendpsychiatrien und Psychotherapien oder eben auch von der bundesweit tätigen Drogenhilfe in Anspruch nehmen. Auch wenn das Kind am Anfang nicht zugestehen will, dass es ein Problem hat, können Sie die Beratung ohne die Anwesenheit des/der Betroffenen trotzdem in Erwägung ziehen.

Hauptsächlich ist aber wichtig, dass Sie eine Einsicht in die Logiken der Mediensucht bei Jugendlichen bekommen. Nur dann können Sie systematisch dagegen vorgehen und Ihrem Kind passende Lösungen anbieten, damit Sie sich zusammen durch die vielen Schwierigkeiten und Herausforderungen der Sucht durchkämpfen können.

KONZENTRATIONS- UND LERNPROBLEME

Verbringt Ihr Kind mehr Zeit mit dem Handy als mit seinen sich täglich häufenden Hausaufgaben? Haben sich seine Schulleistungen verschlechtert, seitdem es eine neue Spielkonsole zum Geburtstag geschenkt bekommen hat? Hat das Kind Probleme damit, seine Aufmerksamkeit für mehr als fünf Minuten auf ein Thema gerichtet zu halten? Dann leidet es wahrscheinlich unter verschiedenen Konzentrations- und Lernproblemen.
Die Gründe dafür können in der Regel unterschiedlich sein – sie reichen von negativen Glaubenssätzen und Selbstsabotage über Probleme mit Lehrern und

Mitschülern bis hin zu körperlichen Belastungen wie einem unbequemen Sitzplatz oder der falschen Tageszeit. Am häufigsten sind aber im digitalen Zeitalter mediale Störfaktoren für die Entwicklung von Konzentrationsstörungen bei Kindern und Jugendlichen verantwortlich. Dabei bedeutet Konzentrationsschwäche nicht immer, dass das Kind unter einer Konzentrationsstörung leidet – so haben Kinder in der ersten Klasse eine vergleichsmäßig mindere Konzentrationsfähigkeit von nur zehn Minuten, was in diesem Alter völlig normal ist. Konzentrationsstörungen treten am häufigsten im Kindes- und Pubertätsalter auf. Konkret bezeichnet Konzentrationsschwäche die weitgehende Unfähigkeit, die eigene Aufmerksamkeit für die erfolgreiche Erledigung einer Aufgabe zu bündeln – dies passiert ständig und dem Kind fällt es in der Folge schwer, sich zu fokussieren, da die Konzentration immer wieder entschwindet. Bei Konzentrationsstörungen handelt es sich vielmehr um einen Zustand von relativ kurzer Dauer, nach wessen Vergehen sich der/die Betroffene wieder voll und ganz seiner/ihrer Aufgabe widmen kann.

Erst wenn Sie den dauerhaften Zustand der Konzentrationsschwäche bei Ihrem Kind beobachtet haben, lohnt es sich, entsprechende Maßnahmen dagegen zu treffen (denn Konzentrationsstörungen verschwinden von selbst mit der Zeit). Wenn Kinder aber nur noch beim Lernen oder beim Schreiben von Hausaufgaben

Symptome von Konzentrationsstörungen zeigen (und sich sonst stundenlang intensiv mit “interessanteren” Dingen wie Videospielen beschäftigen können), heißt das noch lange nicht, dass sie unter einer Konzentrationsstörung leiden.

In solchen Fällen könnte man ihr Interesse an digitalen Inhalten dafür nutzen, um ein Interesse für den sonst eher trockenen Schulstoff zu wecken – beide Welten lassen sich problemlos mit digitalen Angeboten wie StudySmarter und Simpleclub vereinen. Wenn die Konzentrationsproblematik aber mit weiteren Symptomen wie Schwindel, Gereiztheit, Vergesslichkeit, kalte Hände einhergeht, kann es sich dabei um eine Konzentrationsstörung handeln (Konzentrationsstörungen erkennen Sie auch daran, dass diese plötzlich wie aus dem Nichts auftreten und sich im Laufe des Tages auch mal verstärken).

Ob Ihr Kind tatsächlich unter Konzentrationsschwäche bzw. einer Konzentrationsstörung leidet, kann nur ein Kinderarzt glaubwürdig feststellen, indem er die sogenannte Testreihe zur Prüfung der Konzentrationsfähigkeit an Ihrem Kind durchführt (inklusive ein paar Hör- und Sehtests sowie einer Blutuntersuchung) und indem er das Kind bezüglich seines Alltags und generellen Befindens befragt (denn häufig kann auch das Umfeld für die Entwicklung einer Konzentrationsstörung verantwortlich sein).

Falls es sich doch herausstellt, dass Ihr Kind unter einer

Konzentrationsstörung bzw. unter Konzentrationsschwäche leidet: Wie können Sie ihm bei der Erledigung täglicher Aufgaben helfen? An erster Stelle müssen Sie eine passende Arbeitsatmosphäre fürs Kind schaffen – mit einem festen Lernplatz und Arbeitsmaterialien stets in naher Reichweite. Lassen Sie das Kind wissen, dass Lernzeit keine Ablenkungszeit ist – Essen, Handy, Fernseher und Co gelten während dieser Zeit als Tabu.

Geben Sie dem Kind außerdem die Möglichkeit, sich vor den Hausaufgaben für eine Weile zu entspannen, damit es dann mit neuer Kraft lernen kann – manche Kinder wollen lieber ihre Ruhe nach der Schule haben, während andere mehr Bewegung brauchen. Sorgen Sie außerdem am Wochenende mit Familienaktivitäten im Freien für eine erfrischende Abwechslung zum Schulalltag und passen Sie auf die ausgewogene Ernährung Ihres Kindes auf – die Aufnahme von ausreichend Flüssigkeiten in Form von Wasser und Kräutertee wirkt sich häufig fördernd auf die Konzentrationsfähigkeit aus. Allerdings ist nicht ausgeschlossen, dass die Gründe für das Konzentrationsproblem Ihres Kindes einfacher Natur sind – suchen Sie also immer als Erstes den Kontakt zum Kind und besprechen Sie mit ihm alles, was seine Konzentrationsleistung stören könnte, bevor Sie voreilige Schlüsse ziehen oder aber manch überstürzte Maßnahmen dagegen treffen.

SCHULKONFLIKTE

Im Schulalter sind Konflikte unausweichlich. Ein Kind in Deutschland verbringt bis zu dreizehn Jahre seines Lebens in der Schule – das sind sieben Stunden an den meisten Werktagen. Zu Hause geht es dann weiter mit Hausaufgaben, Vor- und Nachbereitung des Schulstoffs und was noch nicht. Somit bleibt nur noch wenig Zeit für etwas anderes – das Leben vieler Kinder und Jugendlichen dreht sich nur noch um die Schule.

Dort treffen täglich verschiedene Menschen unterschiedlichen Alters in straff festgelegten Rollen aufeinander – konfliktträchtige Situationen sind an der Schule überall vorzufinden. Man muss sich also daran gewöhnen, Konfliktsituationen als Lerngelegenheiten zu begreifen – denn nach wie vor bleibt die Konfliktlösungskompetenz eine der wichtigsten Fähigkeiten im gemeinsamen Zusammenleben mit unseren Mitmenschen.

Im digitalen Zeitalter kommen neben den üblichen Konflikten (sozialen Klassenkämpfen, allgemeinen Integrationsproblemen, Wertekonflikten etc.) neue Konfliktlinien hinzu, die entlang des täglichen Medienkonsums verlaufen.

So kann man feststellen, dass kontaktscheue Kinder, die deutlich mehr Zeit mit digitalen Medien im Vergleich zu ihren sozialfreudigeren Altersgenossen verbringen, wesentlich unvorbereiteter auf den Umgang mit sozialen

Konflikten als alle anderen Kinder sind. Aber nicht nur das: Die Konfliktlösungen, die solche Kinder im Fernsehen und in Computerspielen lernen, sind mehr als realitätsfern und unangemessen. Diese beschreibt Hubert Kleber in seinem Buch "Reale Gewalt, mediale Gewalt: Förderung der Konfliktlösungsfähigkeit von Schülern im Rahmen der moralischen Erziehung" folgenderweise: "Von den Gewalt darstellenden Protagonisten können Kinder und Jugendliche Folgendes lernen: Gewalt als Mittel der Konfliktlösung führt stets zum Erfolg und erscheint zudem als gerechtfertigt, weil die angewandte Aggression moralisch begründet auftritt und sich durch Opfererfahrungen legitimiert.

Adäquate, auf konsensuale Lösungen abzielende Konfliktlösestrategien, die Kindern und Jugendlichen bei der Bewältigung ihrer aktuellen Entwicklungsprobleme helfen könnten, bieten Gewalt darstellende Filmidole hingegen nicht". Da Gewalt in der fiktiven Welt als normal angesehen wird, Kinder aber eher selten mit ihr in der realen Welt konfrontiert werden, entsteht eine Diskrepanz, die die Gewaltbereitschaft von betroffenen Kindern und Jugendlichen (vor allem diesen, die aus einem benachteiligten sozialen Milieu kommen) erwiesenermaßen steigern kann.

Für die Konsequenzen aus dem übermäßigen Medienkonsum kann die Schule natürlich keine Verantwortlichkeit übernehmen – das liegt vielmehr im

Zuständigkeitsbereich der Familie bzw. der Eltern. Für die Folgen anderer medienbezogener Probleme muss sie aber durchaus aufkommen. So stehen Kinder im Schulkindalter häufig in Konkurrenz miteinander: Wer hat das teuerste Handy, wer hat die meisten Follower auf Twitter, wer ist populärer im Netz? Diese und ähnliche Ehrenkonflikte werden häufig gewalttätig ausgetragen und den Medien als selbstproduzierte Sensation vorgeführt (daraus resultiert auch die öffentliche Wahrnehmung, dass Gewalt an Schulen zunehmen würde, wenn sie in Wirklichkeit eher abnimmt; schlimme Einzelfälle gibt es aber leider nach wie vor, die von Massenmedien als absolut und reißerisch dargestellt werden).

Wie lassen sich also die meisten Schulkonflikte lösen? Durch Mediation und dazugehörende Streitschlichtungsgespräche natürlich. Wie läuft also typischerweise die Mediation an der Schule ab? Im ersten Schritt werden die Regeln des Streitschlichtungsgesprächs vom Gesprächsleiter (Lehrer, Pädagogen oder einer anderen erziehungsberechtigten Person) erklärt und das Gespräch darf erst dann fortgesetzt werden, wenn beide Streitseiten freiwillig weitermachen wollen. Im zweiten Schritt werden Sachverhalte geklärt, wobei jede Seite ihre Sichtweise schildert, die andere Partei währenddessen aber nicht reinreden oder beleidigende Wörter benutzen darf. Danach bemüht sich die dritte Partei (der Mediator) darum, eine faire Entscheidung für beide Seiten zu treffen, damit eine Win-Win-Situation erreicht werden kann. Schließlich wird ein Vertrag von allen beteiligten Seiten unterzeichnet, in dem die vereinbarten Bedingungen festgehalten werden. Einige Zeit später treffen sich alle Konfliktseiten wieder, um die Einhaltung der Vertragsbedingungen zu überprüfen.

Dieser Streitschlichtungsmechanismus eignet sich auch gut für die altersinklusive Konfliktlösung zwischen Kindern und Lehrern bzw. zwischen Eltern und Lehrern. In der Zeit hat er sich außerdem als die effektivste Konfliktlösungsmethode erwiesen. Versuchen Sie also (bevor Sie jegliche Selbstjustizmaßnahmen unternehmen) zuerst mal, nach der Möglichkeit eines konstruktiven Mediationsgesprächs zu suchen – sie ist an Schulen soweit wie immer gegeben.

Wenn nicht, können Sie sich jederzeit einen professionellen Mediator als neutrale Drittpartei im Konflikt dazuholen. Wichtiger ist aber, dass Sie Ihrem Kind die Konfliktlösungskompetenz frühzeitig beibringen, bevor es noch mit Konflikten jeglicher Art konfrontiert wird. Wie wäre es mit einem kostenlosen Online-Kurs, der Ihrem Kind die Grundlagen der erfolgreichen Konfliktlösung vermittelt?

Solche Kurse werden überall im Internet angeboten – nach nur zwei Tagen wird Ihr Kind mehr über Konflikte und entsprechende Lösungsstrategien als die meisten Erwachsenen heutzutage wissen. Zweifeln Sie nicht, sondern lassen Sie sich selber vom umfangreichen Internet-Angebot überzeugen und sichern Sie heute noch die zahlreichen Vorteile für die reibungslose Kompetenzentwicklung Ihres Kindes!

CYBER MOBBING – WAS TUN?

Heutzutage haben es unsere Kinder mit ganz ernsthaften Problemen zu tun. Eines von vielen Problemen, das im digitalen Zeitalter zusätzlichen Rückenwind bekommt und gar weitgehend normalisiert wird, ist Cyber Mobbing. Längst hat Mobbing Einzug in den digitalen Raum eingehalten und somit ist es rücksichtsloser und brutaler geworden.

Die Reichweite einzelner Täter hat sich technisch bedingt ausgebaut – die Gefahr ist größer als je zuvor. Als Eltern haben wir die besondere Verantwortung, unsere Kinder vor jeglichen Gefahren, seien sie digital oder analog, zu schützen. Um dies tun zu können, müssen wir bestinformiert über neue soziale Phänomene sein, die sich als potenziell schädlich für die mentale und physische Entwicklung unserer Kinder erweisen könnten.

Eines davon ist zweifellos das Cyber Mobbing – über soziale Netzwerke ständig verbreitete Beleidigungen, Bloßstellungen, Drohungen, Belästigungen, Nötigung oder Erpressung, die an ein auf ausgesuchtes (und häufig auch wehrloses) Opfer gerichtet sind und die soziale

Isolation des Opfers und die Machtdemonstration des Täters zum Ziel haben.
Ein besorgniserregendes Merkmal von Cyber Mobbing ist außerdem die Anonymität, die Tätern im Internet bereitgestellt wird (wobei das Kind meist weiß, wer das sein könnte). So kann der Täter etwa über ein Fake-Profil hasserfüllte Kommentare an das Opfer richten, was wiederum die Angst des Kindes vergrößert, da bestimmte Ungewissheit bezüglich des Täters herrscht und das Kind sich gegen Unbekannte nicht glaubwürdig genug wehren kann.
Cyber Mobbing wird außerdem häufig auch in der Wirklichkeit ausgelebt und begrenzt sich keinesfalls nur auf den digitalen Raum – es findet auch noch in der Klasse, auf dem Schulhof, auf dem Heimweg statt. Besonders anfällig für Cyber Mobbing sind etwa neue Schüler, sozialscheue Kinder und Jugendliche, die sich von anderen durch "auffälliges" Verhalten oder besondere Kleidung unterscheiden, und Kinder, die eine schwache Position innerhalb des Klassengefüges einnehmen. Der Täter kann in der Regel keine Begründung für sein Verhalten liefern – er ist aber sehr kreativ, was seine Beleidigungen angeht. Häufig werden vor allem äußere Merkmale des Opfers wie etwa die Frisur, die Schuhe oder auch der Sprachgebrauch hervorgehoben. Und da die Attacken rund um die Uhr im Internet stattfinden, stehen dem Kind keine Flucht- oder Rückzugsmöglichkeiten zur

Verfügung – vielmehr wird es den feindseligen Handlungen des Täters voll und ganz ausgeliefert.
Außerdem ist das Publikum, das Zeuge der Bloßstellungen wird, extrem weit gefasst: Denn jeder, der Zugang zum Internet hat, kann theoretisch etwa falschen Gerüchten über das Opfer (die einmal verbreitet immer wieder abrufbar sind) im digitalen Raum begegnen, wodurch der Ruf des Opfers dauerhaft geschädigt wird.
Und gerade da die Hemmschwelle für den Täter im Internet wesentlich niedriger ist und noch weniger Mut seinerseits erforderlich ist, um das Opfer offen anzugreifen, fühlen sich auch andere dadurch ermutigt, sich auf die Seite des Täters zu schlagen und ihn in seinem zerstörerischen Handeln zu unterstützen (wobei ihm das Ausmaß seiner Taten nicht bewusst wird, weil im digitalen Raum keine direkte Konfrontation zwischen Täter und Opfer stattfindet). Aber nicht nur die Schikane wird zum Bereich des Cyber Mobbings gezählt – auch die Weitergabe von vertraulichen persönlichen Informationen, die Verbreitung von unerlaubten Bildaufnahmen und das Ausschließen aus sozialen Aktivitäten bzw. das systematische Ignorieren im Netz gehören alle zum Cyber Mobbing dazu.
Was sind also typische Anzeichen für Mobbing im Internet, das Ihr Kind möglicherweise zu verheimlichen versucht? Hat das Kind wiederkehrende gesundheitliche Beschwerden wie Kopf- oder Bauchschmerzen, Schlaf-

probleme und Appetitlosigkeit, wirkt es verschlossen, nervös und gereizt, erbringt es schlechtere Leistungen in der Schule, kann das auf ungünstige

Folgen von Cyber Mobbing hindeuten. Andere Anzeichen für digitales Mobbing können auch das ständige Kontrollieren von digitalen Geräten, das Vernachlässigen von realen Freundschaften, der erhöhte Medienkonsum und die Weigerung in die Schule zu gehen sein – diese unterscheiden sich in der Regel kaum von den typischen Anzeichen für Schulmobbing, wobei Cyber Mobbing leichter festgestellt werden kann, indem Sie die digitalen Geräte des Kindes kontrollieren.

Und wenn es sich tatsächlich herausgestellt hat, dass Ihr Kind im Internet gemobbt wird: Was können wir als Eltern gegen Cyber Mobbing unternehmen?

Als Erstes ist wichtig, die Schule darüber zu informieren – die Möglichkeit dafür haben Sie etwa im Rahmen einer Lehrersprechstunde oder am Elternsprechtag. Auf keinen Fall sollen Sie die Erfahrungen, die Ihr Kind mit Mobbing gemacht hat, verschweigen, denn Sie können andere Kinder ermutigen, offener mit ihren Eltern darüber zu sprechen. Beleidigung, Verleumdung und die Verbreitung von unerlaubten Bildaufnahmen gelten nach Strafrecht als strafbar – so können Sie in schwerwiegenden Fällen eine Strafanzeige an die Schule stellen, damit weitere Cyber Mobbing Fälle an der Schule von der Polizei verfolgt werden können (die Dokumentation von einzelnen Vorfällen wie beleidigenden Posts ist zu empfehlen, denn diese kann als Beweismittel genutzt werden, um den Täter zur Rechenschaft ziehen zu können). Wenden Sie sich außerdem an die Betreiber von den betreffenden sozialen Netzwerken mit der Bitte, die beleidigenden Posts unverzüglich und permanent zu entfernen. Melden Sie die Fake-Profile des Täters auf allen sozialen Medien, damit diese gelöscht werden und der Täter keinen Zugang zur Plattform mehr bekommt, den er sonst potenziell missbrauchen könnte. Cyber Mobbing ist kein Kinderscherz – zweifeln Sie nicht, sondern suchen Sie aktiv die Unterstützung von lokalen Beratungsstellen und Psychologen, sollte es soweit kommen (denn in den vergangenen Jahren hat Cyber Mobbing mehreren Jugendlichen leider das Leben gekostet).

Wenn Sie möchten, können Sie auch eine Elterninitiative veranstalten, die die Nutzung von Handys auf dem Schulgelände einzuschränken und somit Kinder von den verheerenden Folgen von Cyber Mobbing zu schützen versucht. Im Allgemeinen gilt: Zeigen Sie Zivilcourage und setzen Sie sich aktiv auch für andere Kinder ein, die potenzielle Opfer von Mobbing werden könnten. Bringen Sie Ihrem Kind bei, anderen Kindern gegenüber stets freundlich und offen zu bleiben. Dadurch kann nämlich viel Schlimmes vorgebeugt werden – denn Vorbeugen ist schließlich in jeder Situation viel besser als Heilen!

Eine neue Zeit – entdeckendes Lernen für mehr Kompetenz, Spaß & Fähigkeiten

Im digitalen Zeitalter brauchen Kinder neue innovative Lernmethoden, die ihrer natürlichen Neugierde auf Neues gerecht werden und sie gleichzeitig effektiv die Welt erforschen und näher kennenlernen lässt. Alte Lernmethoden wie die meisten klassischen Unterrichtslösungen sind nicht mehr zeitgemäß und entsprechen zum größten Teil nicht mehr den heutigen Lernbedürfnissen von Kindern.

Im Folgenden werden Sie eine innovative Lernmethode kennenlernen, die Kinder ihren Spaß haben und ihre Kompetenzen und Fähigkeiten gleichzeitig weiterentwickeln lässt. Grundsätzlich ist am Konzept des entdeckenden Lernens so gut wie nichts neu – dieses lässt sich weit ins antike Griechenland zurückverfolgen.

Allerdings hat die Methode erst in den 60er Jahren des 20. Jahrhunderts (genau zur Zeit, als man aus straffen Erziehungsmodellen ausbrach) dank des exzellenten US-amerikanischen Psychologen Jerome Bruner (der damals die sogenannte Kognitive Wende der Psychologie initiiert hat) an Popularität gewonnen.

Diese Lernmethode lässt sich sehr gut im Unterricht, aber auch zu Hause praktisch umsetzen – durch diese bekommen Kinder ein tieferes Verständnis für Zusammenhänge und das logische Denken wird gefördert. Kinder lernen weitgehend selbstständig und verknüpfen Wissen mit eigenen Erfahrungen. Beim explorativen Lernen geht es hauptsächlich darum, dass Kinder erst mal das Lernen an sich lernen – sie entdecken bestimmte Phänomene selbst und in der Folge wird die Neugierde auf Wissen geweckt, woraufhin sie anfangen, Fragen zu stellen und nach Antworten zu suchen.

Vor allem im digitalen Lernen, in Sachfächern und Mathematik eignet sich diese Lernmethode besonders gut, da sie “schwierige” Schulfächer einfach erscheinen lässt. Die Methode des entdeckenden Lernens baut auf die natürliche Neugierde von Kindern und ihrer Bereitschaft, sich weiterzubilden, auf. Um die Welt Schritt für Schritt zu erklären und ein Stück verständlicher zu machen, wird das Kind in bewusst konstruierte Situationen versetzt, in denen sich für sie automatisch Fragen stellen, auf die sie die Antworten selber herausfinden müssen. Der Vorteil besteht darin, dass in diesem Fall Erkenntnisse auf ihren eigenen Erfahrungen beruhen und nicht pauschal vorgegeben werden – so prägen sich diese auch besser und langfristiger in ihrem Gedächtnis ein. Wichtig ist dabei, dass Lehrer und Erzieher den Erkenntnisprozess lediglich führen und keine unmittelbaren Erklärungen gegeben werden, damit sich Kinder selber um die Lösung des vorliegenden Problems bemühen können. Der Prozess ist aber relativ zeitaufwendig und lässt sich deswegen nur ergänzend im Unterricht einsetzen, wobei ebenfalls große Lernerfolge verzeichnet werden können. Die Methode kann etwa in Mathematik angewendet werden, wenn der Lehrer den Schülern das Rechnen mit Kommazahlen beibringen will. Dabei stellt er verschiedene Lebensmittel auf die Schulbänke, versieht die jeweiligen Produkte mit Preisschildern und gibt jedem Schüler 5 Euro mit der Bitte, bestimmte Dinge vom “Supermarkt” zu kaufen, sich aber auch ans Budget zu halten. Im ersten Schritt werden sie mit einer realen

Alltagssituation konfrontiert – sie wundern sich, was für seltsame Preise das sind, die mit einem Komma getrennt wurden.

Im zweiten Schritt werden den Kindern verschiedene Mittel zur Verfügung gestellt (Lehrbücher und digitale Medien), damit sie selber die Antwort auf ihre Fragen entdecken können – das ist die sogenannte Explorationsphase. In dieser diskutieren die Kinder in Gruppen zusammen, wie die Dinge aus ihrer Sicht sind. Anschließend präsentieren sie die Ergebnisse, zu denen sie jeweils gruppenweise gekommen sind, und am Ende schließt der Lehrer mit der Darstellung der faktischen Grundlage ab – insgesamt kann die Methode immer dann angewandt werden, wenn Zahlen, Größen oder Zusammenhänge erklärt werden müssen. Auch im Physikunterricht kann anhand des Kerzenlift-Experiments die entdeckende Methode angewandt werden: In einem Untersetzer wird eine farbige Flüssigkeit eingefüllt, in die Mitte eine Kerze angezündet und dann ein Glas über die angezündete Kerze gesetzt. Die Flüssigkeit wird dann ins Glas eingezogen – wie funktioniert das eigentlich?

Um Schülern die Druckdifferenz und das Zusammenziehen von abgekühlter Luft zu erklären und einen spannenden Einstieg ins Thema Wärmekraftmaschinen zu gewährleisten, kann ein ähnliches Experiment vorgeführt werden, in dem ein stark erhitztes Glas mit Eiswürfeln abgekühlt wird oder auch solche, bei denen

Wasserdampf kondensiert oder Kohlenstoffdioxid gelöst wird. Entdeckendes Lernen können aber auch kleinere Kinder genießen – geben Sie ihnen etwa ein paar unterschiedlich große Murmeln und stellen Sie ihnen die Aufgabe, sie alle in ein Gefäß unterzubringen, indem sie die entstandenen Zwischenräume zu diesem Ziel nutzen – so lernen sie räumliches Denken.

Etwas älteren Kindern können Sie eine Aufgabe stellen, in der sie die verschiedenen Geschwindigkeiten von einem Radfahrer, einem PKW und einem Zug einschätzen müssen, um festzustellen, welches sich nun am schnellsten bewegt. Diese und viele andere Aufgaben können ebenfalls in den kindlichen Alltag eingebaut werden, um das logische Denken zu stimulieren und weiterzuentwickeln. Die Methode des entdeckenden Lernens bietet zahlreiche Vorteile für Schüler – durch das eigenständige Lernen wird ihr Wissensdurst gefördert, sie lernen ihre Zeit besser einzuteilen und erlernen bei der Gruppenarbeit Teamfähigkeit und soziale Interaktion. Nachteile fehlen aber auch nicht: So ist etwa nicht jedes Thema und nicht jeder Schulstoff dafür geeignet.

Die Methode ist außerdem ziemlich zeitintensiv, womit relativ wenig Unterrichtsstoff vermittelt werden kann und häufig wissen Kinder auch nicht, was von ihnen bei der Aufgabe gefordert wird, wenn der Einstieg nicht klar genug strukturiert wird. Nicht zuletzt lernt nicht jedes Kind gerne in einer Gruppe, denn die Arbeit wird häufig von führungsstärkeren Schülern übernommen – somit werden die gruppenweisen Lehrerfolge für bestimmte Kinder gemindert. Trotzdem lohnt es sich auf jeden Fall, diese Methode einmal praktisch am eigenen Kind anzuwenden, denn nur dadurch lässt sich schließlich feststellen, ob es davon eher profitieren oder verlieren könnte.

KINDER BRAUCHEN RITUALE: ALLTAGSTIPPS FÜR EINEN AUSGEWOGENEN UMGANG MIT MEDIEN & NATURNAHEN ERFAHRUNGEN

Wie Sie vielleicht auch selber im Alltag beobachten können, verbringen unsere Kinder viel zu viel Zeit im Internet und auf sozialen Medien. Sie bewegen sich nicht mehr so viel wie früher – ihnen ist es lieber, den Tag im Bett mit dem Handy in der Hand ausklingen zu lassen, als den Sonnenuntergang am Strand zu beobachten. Indem sie sich bewusst dafür entscheiden, ihre kostbare Jugendzeit überwiegend im digitalen Raum zu verbringen, verpassen sie viele Möglichkeiten, naturnahe Erfahrungen zu erleben, an die sie sich ihr ganzes Leben erinnern werden.

Damit es nicht soweit kommt, dass Jugendliche ihre knappe Zeit mit unsinnigen Online-Aktivitäten wie dem Chatten und Zocken verschwenden, müssen ihnen bestimmte Alltagsrituale mit digitalen Medien nahegelegt werden. Damit bekommen sie das Beste aus zwei Welten – einerseits lernen sie den ausgewogenen Umgang mit Medien, andererseits machen sie häufiger naturnahe Erfahrungen, wodurch das Gleichgewicht in ihrem Alltag wiederhergestellt wird.

Im Folgenden werden Ihnen fünf Tipps vorgeschlagen, mit deren Hilfe Sie Ihrem Kind gute Mediengewohnheiten beibringen können. Hat Ihr Kind Probleme damit, den Medienkonsum zu gegebenen Zeiten einzustellen – etwa wenn Sie es am Abend zu Tisch rufen oder wenn Sie gerade gemeinsam shoppen gehen wollen? Statt dem Kind das Handy gewalttätig aus der Hand zu reißen und aufs Bett zu werfen, können Sie ihm vorschlagen, eine alte Kamera zu nehmen, draußen spazieren zu gehen und süße Wildtiere zu fotografieren – eine niedliche und entspannende Aktivität zur Stärkung der Eltern-Kind-Bindung.

Haben Sie jedes Mal Stress damit, das Kind zu überreden, auf den jährlichen Familienausflug mitzukommen, weil es lieber zu Hause bleiben und Xbox spielen will? Schlagen Sie ihm vor, den besten Freund oder auch den Lieblingscousin einzuladen, damit es einen sozialen Reiz bzw. eine Motivation abseits des Digitalen erhält, der bzw. die es dazu veranlagen würde, Zeit für Familinaktivitäten zu schaffen (auch wenn dies zu ungunsten vom digitalen Spielerfolg kommt). Wenn das Kind nur ungenügend auf den gesetzten sozialen Reiz eingeht und weitgehend unzufrieden mit dem Vorschlag wirkt, können Sie im Notfall auf materielle Reize setzen. Versprechen Sie, dass Sie ihm später etwas kaufen, was es schon lange haben wollte – etwa neue Schuhe oder einen elektronischen Scooter. Wir Eltern kennen unsere Kinder besser, als sie sich selber kennen. Wir wissen, was ihre heiß ersehnten Wünsche und Träume sind und können diese nach eigenem Ermessen auch wahr werden lassen. Das Ganze kommt aber mit einem Preis. Kann es sein, dass Ihr Kind früher immer Fußball trainieren oder professioneller Schwimmer werden wollte? Heute gibt es aber scheinbar keine Spur von dieser früheren Leidenschaft, weil das Kind kaum noch irgendwelchen Sport treibt – FIFA ist ja tausendmal interessanter, als an einem heißen Sommernachmittag am Fußballfeld rumzuhocken (dabei macht das Kind aber keine realen Erfahrungen). Erinnern Sie Ihr Kind an seinen Kindheitstraum und versuchen Sie, seine Begeisterung wiederzuerwecken. Ist das Kind trotzdem nicht mehr davon zu faszinieren, sollten Sie weiterhin versuchen, einen Kompromiss zu schließen, damit es zumindest einen weiteren Anlass zur Bewegung bekommt.

Fehlt Ihrem Kind die Abwechslung im Alltag? Wie wäre es mit einem Urlaub auf dem Bauernhof? Da kann das Kind genügend naturnahe Erfahrungen mit Hoftieren und Gartenarbeit machen und für Medienkonsum bleibt kaum Zeit. Wenn Ihrem Kind diese Idee nicht so gut

gefällt, können Sie ihm etwas vorschlagen, dem es kaum widerstehen könnte: Ein Wochenende im Baumhaushotel! Solche Baumhaushotels sind überall deutschlandweit zu finden und die Übernachtungspreise sind nicht unbedingt so hoch wie erwartet – Sie können davon ausgehen, dass Ihr Kind dieses eine Wochenende, in dem es mit Ihnen solche einzigartigen Erfahrungen gemacht hat, nicht mehr aus dem Kopf kriegen wird.
Hockt Ihr Kind in den Sommerferien den ganzen Tag nur zu Hause, am Computer spielend und seine wertvolle Erholungszeit verschwendend? Legen Sie ihm die Möglichkeit nahe, es für ein Ferienlager anzumelden. Dort wird das Kind den Sommer mit Gleichaltrigen in der Natur verbringen – Wald, Lagerfeuer, geröstete Marshmallows, Lagerspiele und am wichtigsten, ein Sommer ohne Eltern! Was gibt es denn Besseres für ein Schulkind?

AUSZEIT VOM BLAUEN LICHT – WARUM DER WALD ALS ERLEBNIS-ORT KINDER GESUND MACHT

Das blaue Licht, welches vom Handy, Laptop und Co täglich bei der Nutzung ausgestrahlt wird, wirkt sich extrem schädlich auf die kindliche Gesundheit aus. Klar, es hat auch seine positiven Seiten – es wirkt fördernd auf Wohlbefinden, reguliert die innere Uhr des Menschen und unterstützt die Ausschüttung vom Glückshormon

Serotonin.
Dazu kommen aber deutlich mehr Nachteile, die große Besorgnis erregen, wenn man berücksichtigt, wie viele Stunden pro Tag unsere Kinder der Blaulichtausstrahlung ausgesetzt sind: So begünstigt blaues Licht die Entwicklung von Augenerkrankungen (durch Beschädigung der Retina bei längerer Lichteinwirkung), der normale Abbau von Melatonin (dem Schlafhormon) wird dadurch relativ erschwert, es regt die Zellen des Auges, schädliche Moleküle zu produzieren.
Wenn sich Kinder nicht ausreichend vom blauen Licht erholen, kann dies schwerwiegende Folgen mit sich bringen. Dazu bieten das Lernen in der Natur und der Wald als Erlebnisort die perfekte Erholungsmöglichkeit für Kinder. Naturerfahrungen sind unabdingbar für eine gesunde Entwicklung – es wurde wissenschaftlich nachgewiesen, dass häufige Naturerlebnisse im Kindes- und Jugendalter einen positiven Einfluss auf die emotionale Ausgeglichenheit, die Kreativität, die Selbstdisziplin und das Selbstvertrauen, die Konzentrationsfähigkeit, die Sach-, Sprach- und Sozialkompetenz und nicht zuletzt das allgemeine Wohlbefinden entfalten kann.
Naturaufenthalte reduzieren Stress und Aggressionen, die im Kindesalter häufig auftreten können. Der Wald fördert das ökologische Bewusstsein der Kinder und bietet ihnen außerdem eine gesunde Lernatmosphäre. Tatsächlich können Kinder in der Natur durch direkte

Erfahrungen und mit Einsatz von allen Wahrnehmungssinnen problemlos auch schulische Inhalte selbstständig und direkt erlernen – der Unterschied zum klassischen Unterrichtsmodell besteht nur in der angewandten Methode und der entspannteren Lernumgebung. Ein Beispiel: Nur mithilfe eines Tannenzapfens kann das Kind die Kompetenz erwerben, das Wetter zu lesen oder auch lernen, die Fraßspuren von verschiedenen Tieren und verschiedene Zapfenarten voneinander zu unterscheiden.

Der Wald zeigt dem Kind außerdem ganz nebenbei die Funktionen eines stabilen Ökosystems, den (zerstörerischen) Einfluss des Menschen auf die Natur und die ökonomische Wichtigkeit der Natur für den Menschen. Im Wald sind viele positive Faktoren vorzufinden, die die Lernmotivation und die Aufnahmefähigkeit von Kindern steigern. Der Wald ist ein Ort, der für alle Kinder zugänglich ist, in dem genügend Platz für alle ist. Hier herrschen keine restriktiven Regeln. Hier ist die Temperatur angenehm, die Luft ist frisch und sauber, in der Luft liegt ein zarter grasiger Duft, die Beleuchtung ist natürlich – die perfekten Voraussetzungen für effizientes Lernen liegen zweifellos vor.

Der Wald ist voller Geschichten, Symbole und Anreize, die Interesse wecken – in ihm ist man von der lebenden Natur umgeben, man findet in ihm tausende nützliche Naturmaterialien, er ermöglicht eine Fülle von

Naturerlebnissen und bietet ein großes Potenzial an verschiedenen Lernbereichen. Nachteilig ist jedoch, dass der Unterricht im Freien im Gegensatz zum klassischen Unterricht im Klassenzimmer mehr Vorbereitung voraussetzt.

Im Wald hat man weniger technische Möglichkeiten, es hängt vieles vom Wetter ab, Erwachsene tragen eine große Verantwortung für das Wohlergehen der Kinder. Außerdem ist es nicht jeden Tag möglich, zum Wald zu fahren, weil die Spontanität und Freiheit im Unterricht weitgehend nicht gegeben ist. Wenn Sie aber selber Ihrem Kind eine einzigartige Lernmöglichkeit schenken wollen, sind Sie relativ freier zu entscheiden, was die Gestaltung des "Unterrichts" angeht, wobei die ganze Verantwortung auf Sie allein fällt. Wie Sie bereits feststellen konnten, bringt das Lernen im Freien mehr Vorteile als Nachteile mit sich. Schenken Sie Ihrem Kind ein einmaliges Lernerlebnis – ab geht's in den Wald!

SPORTLICHE, KREATIVE & SOZIALE AKTIVITÄTEN & FÄHIGKEITEN

Wichtige Kompetenzen fördern, geht auch auf analoge Weise – Kinder müssen nicht täglich mit digitalen Medien konfrontiert werden. Indem sie jeden Tag mehr als zwei Stunden vor dem Bildschirm verbringen, verlernen sie tatsächlich die meisten sportlichen, kreativen und sozialen Fähigkeiten, die sich später im Leben als unverzichtbar für die erfolgreiche Integration in die (Arbeits)gesellschaft erweisen.

Damit dies nicht passiert, müssen Sie die Entwicklung Ihres Kindes ständig im Blick behalten und die Gewohnheiten des Kindes immer dann umzustellen versuchen, wenn es anfängt, sich nur in eine Richtung zu entwickeln und andere wichtigen Kompetenzen weitgehend zu vernachlässigen scheint.

Darum sind wir Eltern ja da – um unseren Kindern ihre Fehler aufzuzeigen und ihnen dabei zu helfen, sich zu bessern und dadurch die bestmögliche Version von sich selbst zu werden. Nun werden Sie sinnvolle Alternativen zum digitalen Medienkonsum kennenlernen, die Ihr Kind sozialfähig und kompetent aufwachsen lassen und gleichzeitig eine nette Abwechslung zum überwiegend technischen Kinderalltag darstellen.

Es wurde wissenschaftlich bewiesen, dass jedes Kind zur Intelligenz "genetisch veranlagt" ist – das allein genügt jedoch nicht, um dem Kind eine leuchtende Zukunft zu sichern. Bis zum sechsten Lebensjahr entwickeln sich Kinder in vielfältiger Weise und in vollem Tempo. Um unseren Kindern die bestmögliche gesunde Entwicklung zu ermöglichen, müssen wir ihnen ständig passende Reize und Herausforderungen bieten bzw. zur Verfügung stellen. Deswegen sind die Freizeitaktivitäten von Kindern entscheidend für ihre geistige, kognitive und psychische Entwicklung – weil sie ihnen die Möglichkeit bieten, sich in verschiedenen Rollen auszuprobieren, das Richtige für sich zu finden und schließlich ihre Begabungen zu vervollkommnen.

In vielen sportlichen, kreativen und sozialen Aktivitäten steckt viel mehr als nur ein Spaßfaktor – sie bieten jeweils vielfältige Kompetenzerweiterungsmöglichkeiten. Grundsätzlich ist es als Allererstes wichtig, dem Kind die Möglichkeit zu geben, das in seiner Freizeit zu praktizieren, was ihm auch Freude bereitet. Zeigt das Kind also etwa an Fußball Interesse, können Sie es für bis zu drei Probestunden Fußballtraining anmelden – wenn es dann mit Sicherheit weiß, dass es seine Freizeit diesem Hobby widmen will, müssen Sie es wissen lassen, dass dies bestimmte Verantwortungen nach sich zieht: So kann das Kind nach einem Monat die Mitgliedschaft im Klub nicht mehr so einfach abgeben, weil ihm die Freude am Fußballspielen plötzlich vergangen ist – sonst entsteht im Team eine Lücke, die bis zum nächsten Spiel nicht so einfach gefüllt werden kann. So lernt das Kind etwa Verantwortung zu übernehmen, sein Wort und seine Versprechungen zu halten. Generell gesprochen wirkt sich Sport nicht nur auf die körperliche, sondern auch auf die kognitive Entwicklung des Kindes fördernd.

So haben Thomas Cornelißen und Christian Pfeifer vom Bonner Institut zur Zukunft der Arbeit herausgefunden, dass Kinder, die regelmäßig Sport treiben, bessere Chancen als Gleichaltrige (die keinen Sport ausüben) haben, ein Abiturzeugnis oder gar einen Hochschulabschluss zu erhalten. Dies liegt wahrscheinlich an den vielfältigen gesundheitlichen Vorteilen, die das Sporttreiben zu bieten hat: Die bessere Sauerstoffversorgung und die verbesserte Durchblutung des Gehirns, der verstärkte Nervenzellbau, die Stärkung von Konzentration und Aufmerksamkeit und der Stressabbau, die mit der Sportausübung einhergehen, tragen alle dazu bei, dass sportlich aktive Kinder bessere Leistungen in der Schule erbringen. Sport fördert außerdem Teamgeist und Sozialverhalten – dadurch werden Kinder ermutigt, an außerschulischen Projekten teilzunehmen, weil sie dadurch das Zusammengehörigkeitsgefühl auch außerhalb des eigenen Sportteams stärken wollen.

Im Sport erlernen sie Führungsfähigkeit, die sie dann auch in echten Lebenssituationen anwenden können. Außerdem passen sich Kinder an intensiven Lern- und Wettbewerbssituationen leichter an, weil sie bereits ein gutes Durchhaltevermögen, bärenstarke Disziplin und ein verblüffendes Selbstvertrauen bzw. Selbstbewusstsein im Sport aufgebaut haben, die sie Krisen erfolgreich meistern lassen. Jedoch müssen Eltern aufpassen, dass sie ihre Kinder unabsichtlich nicht überfordern – mehr als zwei feste Termine für Hobbys pro Woche sind nicht zu empfehlen, weil Kinder dann leicht das Gleichgewicht verlieren und nicht mehr vernünftig mit schulischen Verpflichtungen umgehen können. Trotzdem sind sportliche Aktivitäten in der Freizeit herzlich zu empfehlen, weil sie ein umfangreiches Paket an gesundheitlichen und kognitiven Vorteilen bieten.

Sinnvolle sportliche Beschäftigungen, die Sie gemeinsam mit Ihrem Kind in jedem Alter ausprobieren können, sind zum Beispiel Rudern, Reiten oder auch Karate. Am besten alles selber testen und sich und Ihr Kind davon inspirieren lassen! Aber auch kreative Hobbys haben viel zu bieten. Es ist wissenschaftlich bewiesen worden, dass kreative Tätigkeiten die Fantasie und die Problemlösungskompetenz des Kindes weiterentwickeln und mehrere gesundheitsfördernde Wirkungen entfalten.

So werden etwa der hohe Blutdruck bzw. Stresspegel bei betroffenen Kindern gesenkt, das Herz wird vor Schlaganfällen geschützt und das allgemeine Wohlbefinden bzw. die seelische Ausgeglichenheit gefördert. Aber nicht nur das – kreative Hobbys wie Klavierspielen, Papierfalten aka Origami oder eben auch Drachensteigen entwickeln die Feinmotorik und das feine Gespür für die ästhetische Schöpfung. Kreative Tätigkeiten können nach Geschmack und eigenem Ermessen entweder im eigenen Zuhause oder auch im Freien praktiziert werden – je nachdem, wo man sich dabei eher in seinem Element fühlt. Soziale Hobbys sind eine andere beliebte Möglichkeit, die eigene Freizeit zu verbringen. Kinder haben das natürliche Bedürfnis, so häufig wie möglich mit Gleichaltrigen bzw. mit Gleichgesinnten in Kontakt zu treten. Soziale Tätigkeiten wie die ehrenamtliche Arbeit im Tierheim, das "laienhafte" Engagement bei politischen Parteien oder ideologiegebundenen Vereinen (nicht unbedingt parteilich aktiv) oder auch die Teilnahme an einem Rednerklub sehen alle gut auf dem Lebenslauf aus und lassen Kinder sozial kompetent aufwachsen. Somit lernen sie von klein auf den strategischen Umgang mit Sprache und verschiedenen Menschengemütern. Dadurch werden sie geduldiger, verständnisvoller, empathischer und treten sicherer beim Sprechen auf.

Am besten sollten Sie Ihr Kind ermutigen, alle drei Typen von Freizeitaktivitäten auszuprobieren – erst dann kann und wird es herausfinden, was am ehesten zu ihm und seiner Persönlichkeit passt. Lassen Sie das Kind selber entscheiden – egal wofür es sich endgültig entscheidet, können Sie mit Sicherheit davon ausgehen, dass es eine sinnvolle Freizeitbeschäftigung für sich ausgesucht hat, die es auf jeden Fall im persönlichen und beruflichen

Leben weiterbringen wird.

DIGITALE KOMPETENZEN GESUND UND SPIELERISCH FÖRDERN & WEITERENTWICKELN

Der Besitz umfassender digitaler Kompetenzen wird heutzutage nicht mehr nur als empfehlenswert und nützlich angesehen – vielmehr ist er essentiell für das alltägliche Leben geworden. Nicht nur im Rahmen der Schulbildung und im Kontext des täglichen Arbeitslebens gelten digitale Kompetenzen als unverzichtbar – sie sind längst unerlässlich geworden für die erfolgreiche Sozialisation in der heutigen technischen Gesellschaft.

Der indirekte Druck auf die Generation der "Digital Natives" (Kinder, die in die digitale Welt hineingeboren wurden) erfolgt mit voller Kraft – so haben wir Eltern heutzutage das Gefühl, unsere Kinder müssten schon mit einem Jahr Computerprofis sein.

Dabei ist diese Vorstellung völlig absurd und realitätsfern – gestern wie heute besitzen Kinder dieselbe Aufnahmekapazität bzw. die gleichen Lernmechanismen. Digitale sowie soziale und andere Kompetenzen fallen nicht einfach so vom Himmel – vielmehr liegt es in der Verantwortung der Eltern, diese den Kindern beizubringen. Dafür müssen Kinder aber keine zehn Stunden pro Tag vor dem Bildschirm verbringen – das ist weder

sinnvoll noch gesund. Digitale Kompetenzen können sowohl auf analoge als auch auf technische Weise erlernt werden.
So können Sie etwa mit bunten Grafiken, Lego-Bausteinen, Spielzeug-Robotern oder einfach nur mit Stift und Papier Ihrem Kind Programmiergrundlagen, technische Algorithmen und Computer-Begriffe beibringen. Es gibt natürlich viele andere analoge Lernmethoden, die Sie dabei anwenden können – am besten funktioniert allerdings die spielerische Methode, bei der Kinder im Internet grundlegende digitale Kompetenzen erlernen.
Im Voraus müssen Sie jedoch drei Dinge berücksichtigen: Bevor sich Ihr Kind auf eine Reise in die digitale Welt begibt, müssen Sie entsprechende Nutzungszeiten mit dem Kind vereinbaren – normalerweise gelten ab neun Jahren bis zu zwei Stunden Medienkonsum pro Tag als sinnvoll. Zweitens müssen Sie sicherstellen, dass die Augen Ihres Kindes auch vor dem Bildschirm geschützt sind – lassen Sie sich von einem erfahrenen Kinderoptiker beraten und treffen Sie dann selber die Entscheidung, ob Ihr Kind eine Blaulichtfilterbrille für die Bildschirmzeit (die Zeit, während das Kind dem eher schädlichen Blaulicht direkt ausgesetzt wird) braucht.
Vergessen Sie außerdem nicht, die Datenschutzeinstellungen auf dem Gerät zu aktivieren und eine kindgerechte Suchmaschine auszusuchen, die Kinder vor nicht altersgerechten Inhalten schützt.

Erst nachdem Sie alle empfehlenswerten Sicherheitsmaßnahmen getroffen haben, darf der Spaß losgehen. So bietet zum Beispiel die Digitalwerkstatt HABA ein umfassendes Rundumangebot, was die Vermittlung von digitalen Kompetenzen angeht. Hier werden Kinder von erfahrenen Trainern in Echtzeit-Veranstaltungen angeleitet und betreut, wobei sie hauptsächlich die Problemlösungskompetenz und die positive Fehlerkultur erwerben – neben vielen anderen nicht weniger wichtigen Zukunftskompetenzen.

Zum analogen Lernen bietet die Plattform eine Digitalwerkstatt Box, mit der Kinder zu Hause programmieren lernen können (eher für kleinere Kinder geeignet, die durch physischen Kontakt am besten lernen). Wer lieber digital lernt, kann auf der HABA Digitalwerkstatt Plattform zahlreiche altersgerechte Angebote finden, mit denen sich Kinder als kreative Gestalter erfahren, ein ganzheitliches Technologieverständnis und eine umfassende Medienbildung bekommen können.

Auf der Plattform finden Kinder attraktive Kurse und Workshops. "Stop Motion Film selber erstellen", "Coding – Nachts im Museum", "Digital Art: Redy's Reise zum Mond". Hört sich alles super an, oder? Außerdem bietet das Unternehmen ein paar digitale Apps fürs Handy und Tablet, mit denen man weiter lernen und üben kann. Digitale Kompetenz war nie einfacher zu erwerben. Lassen Sie Ihr Kind in die spannende Welt des Programmierens eintauchen – Sie werden überrascht sein, was es nach ein paar Tagen alles drauf haben wird.

Schluss

Im digitalen Zeitalter ist alles anders – Gesellschaft, Arbeitswelt, alltägliches Leben ... Es fühlt sich so an, als ob uns diese hochkomplexe digitale Welt fremd wäre. Auch wenn dies so ist, können wir die aktuellen Verhältnisse in der Welt nicht so einfach ändern, um sie bequemer und harmloser für unsere Kinder gestalten zu lassen. Vielmehr müssen wir den Kindern den richtigen Umgang mit dieser angeblich "entmenschlichten" Welt beibringen.

Um unseren Kindern die bestmögliche Vorbereitung auf die Herausforderungen der heutigen Welt mit auf den Weg geben zu können, müssen wir erst mal unser eigenes Denken umkehren und dieses dann an die Logiken des 21. Jahrhunderts anpassen. Wir Eltern sind die

Lieblings-Superhelden unserer Kinder – als solche müssen wir stets mit gutem Beispiel vorangehen und ihnen anschaulich zeigen, was gut und was schlecht ist. Unabhängig vom digitalen Zeitalter, in dem wir leben, müssen wir nicht vergessen, dass Kinder lebendige Wesen mit eigenen Bedürfnissen und Wünschen sind, die es zu befriedigen gilt. Unsere Kinder brauchen heutzutage unsere Liebe und Zuneigung mehr als je zuvor.

Die Schulbildung, Vermittlung von digitalen und sozialen Kompetenzen, Vorbereitung auf das zukünftige Arbeitsleben sind alles wichtige Dinge, mit denen man sich schon im frühen Kindesalter beschäftigen sollte, um Kindern einen reibungslosen Start ins spätere Erwachsenenleben geben zu können. Allerdings bleibt die einfache menschliche Bindung nach wie vor die wichtigste Grundlage für eine kindgerechte und zeitgemäße Erziehung. Heutzutage haben es unsere Kinder schwieriger als je zuvor – sie müssen als Pioniere den Weg in die digitale Zukunft für die kommenden Generationen ebnen, womit nicht zu unterschätzende Schwierigkeiten und Herausforderungen verbunden sind.

Kindsein ist nicht mehr so leicht wie früher – Elternsein ebenso. Die physische und psychische Entwicklung der Kinder von heute geht mit zahlreichen Krisen, Höhen und Tiefen einher. Zusammen lässt sich aber jede Herausforderung meistern – wir müssen unseren Kindern nur aktiv zuhören (das heißt: Ein offenes Ohr für alles, das ihnen Sorgen bereiten könnte, bereithalten) und immer da für sie sein, um sie aufzufangen, wenn sie fallen. Nur so gelingt die erfolgreiche Erziehung im 21. Jahrhundert – mit viel Liebe, Zuneigung und mentaler Unterstützung – um unserer eigenen Kinder willen!

Alphabetisches Quellenverzeichnis

http://www.sucht.org/fileadmin/user_upload/Service/Themen/Mediensucht/FVM_Empfehlungen_PM_08-12.pdf

http://www2.ibw.uni-heidelberg.de/~aeschule/pdf.08/Reader-Konfliktl%F6sung_ws0708.pdf

https://arbeitsblaetter.stangl-taller.at/KOGNITIVEENTWICKLUNG/PiagetmodellStufen.shtml

https://buchszene.de/du-taeter-du-opfer-carsten-stahl-mobbing-interview/

https://de.wikipedia.org/wiki/Allgemeines_Anpassungssyndrom#:~:text=Allgemeines%20Anpassungssyndrom%20(AAS%2C%20synonym%20Adaptationssyndrom,1956%2C%201974%2C%201978).

https://de.wikipedia.org/wiki/Containing

https://de.wikipedia.org/wiki/Martin_Dornes#Der_kompetente_S%C3%A4ugling

https://de.wikipedia.org/wiki/Schulmediation

https://docplayer.org/75445040-Medienbildung-in-der-grundschule.html

https://krisen-kiste.com/10-aktivitaeten-die-die-eltern-kind-beziehung-staerken/

https://magazin.sofatutor.com/eltern/ist-mein-kind-hochbegabt/#:~:text=Hochbegabte%20Kinder%20lernen%20sehr%20fr%C3%BCh,und%20erforschen%20ganz%20unterschiedliche%20Bereiche.

https://refubium.fu-berlin.de/bitstream/handle/fub188/26807/Dissertation_Adamczyk.pdf?sequence=3&isAllowed=y

https://t3n.de/news/programmieren-fuer-kinder-498461/

https://www.barmer.de/gesundheit-verstehen/kinder/kindererziehung-122644

https://www.br-online.de/jugend/izi/deutsch/publikation/televizion/23_2010_1/Huether-Lernen_mit_Begeisterung.pdf

https://www.bundesgesundheitsministerium.de/fileadmin/Dateien/Publikationen/Drogen_Sucht/Flyer/BMGS_LebenMitMedien_Faltposter_Online_1_.pdf

https://www.codingkids.de/wissen/blikk-studie-digitale-medien-kinder#:~:text=So%20beobachteten%20die%20%C3%84rzte%20bei,von%20digitalen%20Medien%20selbst%C3%A4ndig%20besch%C3%A4ftigen.

https://www.deutsche-depressionshilfe.de/depression-infos-und-hilfe/depression-in-verschiedenen-facetten/depression-imkindes-und-jugendalter#:~:text=Im%20Vorschulalter%20sind%20ca.,17%20Jahren%20an%20einer%20Depression.

https://www.digitalwerkstatt.de/kurse-workshops

https://www.divsi.de/publikationen/studien/divsi-u9-studie-kinder-der-digitalen-welt/8-chancen-und-risiken-digitaler-medien-aus-elternsicht/8-2-chancen-und-vorteile-digitaler-medien-aus-elternsicht/

https://www.evidero.de/kinder-richtig-foerdern

https://www.gesund-vital.de/blaues-licht

https://www.gudrun-krist.de/index.php/meine-schwerpunkte/konzentrations-und-lernprobleme

https://www.idee-fuer-mich.de/leben/einsamkeit/digitale-medien-und-deren-einfluss-auf-die-entwicklung-von-kindern-4560.html

https://www.jugendundmedien.ch/fileadmin/user_upload_redesign/Brosch%C3%BCren_Flyer/Brosch%C3%BCre_Tipps_Medienkompetenz/Brosch_Medienkompetenz_ZHAW_0919_DE_bf.pdf

https://www.kindererziehung.com/Paedagogik/Erziehungsstile/Erziehungsstil.php

https://www.kindergesundheit-info.de/fuer-fachkraefte/kita/zusammenarbeit-mit-eltern/probleme-und-krisen/

https://www.kinderleute.de/zuckerfrei/

https://www.kita.de/wissen/entdeckendes-lernen/

https://www.kita-fachtexte.de/fileadmin/Redaktion/Publikationen//KiTaFT_Eich_II_psychoanlytischekita-2016.pdf

https://www.lernen.net/artikel/schnitzeljagd-13536/

https://www.mediclin.de/medizin-gesundheit/ratgeber-gesundheit/artikel/psyche-koerper/sucht-mediensucht/10-fragen-zu-mediensucht/#:~:text=Von%20Mediensucht%20spricht%20man%2C%20wenn,noch%20nicht%20als%20eigenst%C3%A4ndige%20Krankheit.

https://www.mediclin.de/medizin-gesundheit/ratgeber-gesundheit/artikel/psyche-koerper/sucht-mediensucht/mediensucht-bei-kindern-symptome-folgen-und-behandlung/

https://www.mein-hobby-finden.de/outdoor-hobbys/

https://www.psychologie.uni-freiburg.de/studium.lehre/bachelor.of.science/skripte/frueheresem.html/vorlesung-entwicklungspsychologie/vl_ep03_vagotsky_pdf

https://www.rosenfluh.ch/media/2016/03/Bindungsprobleme-Typische-Anzeichen-einer-Stoerung-der-Eltern-Kind-Beziehung-in-der-Praxis.pdf

https://www.schau-hin.info/tipps-regeln/goldene-regeln-fuer-kinder-von-11-13-smartphone-tablet

https://www.schau-hin.info/tipps-regeln/goldene-regeln-fuer-kinder-von-7-10-smartphone-tablet#:~:text=F%C3%BCr%20j%C3%BCngere%20Kinder%20kann%20ein,im%20Alter%20von%2012%20Jahren.

https://www.schulranzen.net/blog/schulalltag/cybermobbing-an-der-schule-bedeutung-und-hilfe/

https://www.silviva.ch/umweltbildung/lernort-natur/

https://www.stuttgarter-nachrichten.de/inhalt.kreative-hobbys-fuer-zuhause-mhsd.1a9911c3-d304-453b-b3bb-e3e90e28f699.html

https://www.tagesschau.de/inland/kinder-depressionen-101.html

https://www.test.de/Display-Beleuchtung-Schadet-das-blaue-Licht-den-Augen-5425514-0/#:~:text=Forscher%20behaupteten%2C%20dass%20der%20Blauanteil,an%2C%20sch%C3%A4dliche%20Molek%C3%BCle%20zu%20produzieren.

https://www.t-online.de/leben/familie/schulkind-und-jugendliche/id_52609706/konzentrationsprobleme-bei-kindern-erkennen-und-behandeln.html#:~:text=Eine%20Konzentrationsschw%C3%A4che%20oder%20auch%20Konzentrationsst%C3%B6rung,um%20eine%20Aufgabe%20zu%20erledigen.

https://www.uni-mainz.de/presse/aktuell/2375_DEU_HTML.php

https://www.vbe.de/fileadmin/user_upload/VBE/Service/Publikationen/2017_04_20_Expertise-Ahrbeck_Foerderbedarf-ESE-Kinder.pdf

https://www-de.scoyo.com/dam/jcr:8e531d4a-1cc2-416c-8b36-0e56a1da2f7d/ebook-scoyo-5-Kernkompetenzen.pdf

1. Auflage

c/o AutorenServices.de
Birkenallee 24
36037 Fulda

Printed in Poland
by Amazon Fulfillment
Poland Sp. z o.o., Wrocław

87461838R00101